MANUEL GEISENDORF

Geh kacken, wenn du musst, und scheiß auf den Rest

GOLDMANN
Lesen erleben

Buch

Manuel Geisendorf präsentiert das spezielle Durchspülprogramm für unseren Verstand und plädiert dafür, die eigenen Wünsche genauso ernst zu nehmen wie die alltägliche Darmentleerung. Und zwar buchstäblich: Hier schiebt man nichts auf oder lenkt sich ab mit Nebensächlichkeiten – nein, diesem Bedürfnis kommt man unumwunden und zeitnah nach. Anhand seiner wachrüttelnden Fragen können wir ergründen, was für uns wirklich zählt und uns selbst auf die Schliche kommen, warum wir uns so oft auf Beipfaden verausgaben: ein Leben, in dem wir uns voll entfalten können.

Autor

Manuel Geisendorf, geboren 1986, beschäftigte sich nach dem Abitur neben der kaufmännischen Karriere mit Zusammenhängen von Körper und Geist, mit Psychologie und Spiritualität. Seine Erkenntnisse nutzt er heute in Vorträgen und Coachings, die darauf abzielen, Menschen wachzurütteln und ihnen den Weg aus erlernten beengenden Denkmustern zu weisen. Er lebt mit seiner Freundin und einem Hund in Siegen.

Manuel Geisendorf

Geh kacken, wenn du musst, und scheiß auf den Rest

So einfach kann das Leben sein!

GOLDMANN

MIX
Papier aus verantwortungsvollen Quellen
FSC® C014496
FSC www.fsc.org

Verlagsgruppe Random House FSC®-N001967.

1. Auflage
Vollständige Taschenbuchausgabe Juli 2017

Umschlaggestaltung: UNO Werbeagentur, München
Umschlagmotiv: FinePic®, München
fm · Herstellung: cb
Satz: Fotosatz Amann, Memmingen
Druck und Bindung: GGP Media GmbH, Pößneck
Printed in Germany
ISBN 978-3-442-22210-0

www.goldmann-verlag.de

VORWORT

Liebe Leserin, lieber Leser,

bei dem vielleicht etwas ungewöhnlichen Titel fällt es mir schwer, hier mit einem »Sie« zu beginnen, daher werde ich dich in diesem Buch duzen. Es macht sowieso mehr Sinn, in der persönlichen Anrede zu sprechen, denn glaub mir, die Themen in diesem Buch werden sehr persönlich.

Ich möchte dich an dieser Stelle warnen! Dieses Buch ist kein Selbsthilfebuch, das du mal eben nebenbei lesen kannst, denn es wird dich und deine bisherige Art zu leben in Frage stellen. Es wird dich bewusst provozieren und dir eine neue Perspektive bieten. Provozieren kommt übrigens vom lateinischen Wort *provocare*, was so viel bedeutet wie »hervorbringen, hervorrufen oder auffordern«. Das trifft es eigentlich ganz gut, denn ich werde dich auffordern, werde Dinge in dir hervorrufen und hervorbringen und dich nach besten Kräften provozieren.

Wenn du wirklich den Mut hast, dieses Buch zu verwenden, um dich selbst, deine Überzeugungen und deine bisherige Art zu leben in Frage zu stellen, könnte es sein, dass sich dein Leben radikal verändert. Sei dir bitte bewusst, dass persönliche Veränderungen erst einmal unangenehm sind. Darüber hinaus wirst du mit deinen tiefsten Ängsten konfrontiert, die zu einer Menge Widerstand und zu einer echten Herausforderung führen werden.

Ich weiß, dass es durchaus viele Ratgeber, Lebenshelfer und spirituelle Gurus gibt, die dir freudig grinsend einen leichten, liebevollen, freudigen und luftig frischen, wohlriechenden Weg auf rosa Wölkchen anbieten wollen, der von farbigen Engeln auf Einhörnern beritten wird. Einen solchen Weg kann und will ich hier nicht propagieren, sondern dir viel mehr klarmachen, was auf dich zukommen wird, wenn du dich mit dir und deinen Ängsten konfrontierst. Das lässt sich natürlich nicht so gut verkaufen wie die klebrige Zuckerwatte auf dem Rummelplatz der Selbsthilfeszene, doch es hat auch soweit ich weiß noch niemand ein Selbsthilfebuch zum Thema »Kacken« geschrieben.

Das Bild des Kackens wurde hier ganz bewusst gewählt, denn mir ist es wichtig, dass wir hier über das Leben sprechen! Es geht nicht um abgehobene Sphären und realitätsferne Methoden, sondern es geht um dein und mein Leben, und zwar absolut konkret und greifbar! Ich habe diesen Prozess, den ich in diesem Buch metaphorisch immer wieder als »Kacken« bezeichne, bereits mehrfach hinter mir und kann heute sagen, dass ich ein anderes Leben führe. Es ist nicht immer leicht, nicht immer schön, nicht immer voller Freude, doch ich würde es nicht mehr gegen die Art zu leben eintauschen wollen, der ich vorher gefolgt bin. Bin ich deswegen verrückt? Das kann gut sein, und ich empfehle dir; genau das anzustreben. Verrücke dein Leben, bring wieder Tiefe und Lebendigkeit hinein, genieße es, lebe es und sei das, was du bist.

In diesem Buch werde ich dir zeigen, wie du das anstellen kannst. Solltest du die Sprache zu vulgär, zu provokant oder zu aggressiv finden, gratuliere ich dir zu deinem ersten Schritt. Du findest deine eigenen gedanklichen Grenzen. Könntest du das, was ich hier schreibe, einfach abnicken, wäre es nichts Neues.

Du würdest innerlich sagen, »Ja, das stimmt, das habe ich schon mal gehört« oder »Das sehe ich auch so!«. Würdest du das sagen, könnte sich nichts verändern, weil du die Informationen ja schon hast. Es ist also absolut normal und sogar wünschenswert, dass dir nicht gefällt, was ich hier schreibe. Achte darauf, wie dein Verstand versucht, alles sofort als richtig oder falsch zu bewerten oder es in eine vorhandene Schublade zu packen. Lies das Buch so neutral, wie es dir möglich ist, mach eine neue leere Schublade auf, die du mit »Dünnschiss von Manuel Geisendorf« beschriften kannst und schau hinterher, was du mit dem Inhalt der Schublade machen wirst. Dein Verstand ist nicht daran interessiert, sein Wissen in Frage zu stellen, er will recht haben. Er kann nicht anders, als gegen Worte zu rebellieren, die nicht seinem Wissen entsprechen.

Doch genau darum geht es! Setze dich mit deinem Verstand auseinander und mach dir klar, dass sich nichts ändern wird, wenn du weiter dem glaubst, was du schon zu wissen meinst!

Einige Stellen in diesem Buch sind mit ** markiert. Um dieses Buch effektiv für dich nutzen zu können, solltest du dir an diesen Stellen etwas Zeit nehmen, die vorherigen Zeilen zu überdenken und Antworten auf deine Fragen zu finden. Es sind kurze Handlungsaufforderungen, die den Inhalt vertiefen. Das darfst du auch gerne schriftlich machen. Dadurch wirst du dir darüber bewusst, wie du derzeit über das Thema denkst und nur so kommst du dir selbst auf die Schliche.

Bist du bereit?
Gut!
Schnall dich an und freu dich auf ein Abenteuer.

INHALT

Teil 2

EINLEITUNG

Liebe Leserin, lieber Leser,

stell dir einmal vor, du wachst morgens auf und musst ganz dringend auf die Toilette. Du spürst einen großen Druck in deiner Darmgegend und du weißt, dass das Bier zum Chili gestern Abend zwar lecker war, dir aber heute Morgen nicht unbedingt mehr Zeit lässt, um den Weg zur Toilette zu finden. Ja, das Bett ist kuschelig, ja, der Weg zur Toilette ist weit, aber was willst du machen? Du musst einfach dringend kacken.

Was wirst du in dieser Situation wohl tun?
Natürlich, du wirst aufstehen und dir die Fußnägel rosa lackieren!

Wieso schaust du so skeptisch? Ist es nicht das, was du tust, wenn du kacken musst? Stell dir mal für einen Moment vor, du würdest es tun. Du lackierst dir die Fußnägel rosa und du merkst, wie der Druck in deinem Darm größer wird und es langsam anfängt zu schmerzen.
Du bekommst Magenkrämpfe, beginnst zu schwitzen und stehst vollkommen unter Stress. Doch dann kommt dir natürlich noch die zündende Idee und die bahnbrechende Erkenntnis! Du hast die falsche Farbe genommen!
Ich kann dir garantieren, wenn du so weitermachst, geht das alles voll in die Hose!

Du weißt genau, was das Einzige ist, was dir jetzt Befriedigung verschaffen würde, aber es geht einfach nicht. Du hast einen Terminplan, musst zur Arbeit, hast es eilig und auch einfach überhaupt keine Lust auf so eine ekelhafte und stinkende Angelegenheit am frühen Morgen. Findest du das alles ein wenig absurd, was ich hier schreibe? Nun, so absurd ist es im Grunde nicht.

Wenn wir diesen Druck im Darm verspüren, wissen wir natürlich ganz genau, was zu tun ist. Wir geben diesem Druck nach und wer sich mit einem solchen Druck die Fußnägel lackiert, die Zähne putzt oder sich darauf konzentriert, das schönste und wohlriechendste Häufchen der Erde zu machen, erzeugt eine Menge Druck, Leid und Schmerz. Ist es nicht umso absurder, dass wir genau so durch die Welt laufen und genau so mit unseren Gefühlen umgehen?

Ich behaupte, dass sich die meisten von uns die Nägel lackieren, obwohl sie kacken müssen, und das den ganzen Tag über und in allen möglichen Belangen.

Wieso tun wir das?
Wie genau tun wir das?
Was können wir daran ändern?

Genau darum wird es in diesem Buch gehen. Ich wünsche dir viel Vergnügen, und falls du noch zur Toilette musst, lesen wird dich auch nicht befriedigen ;).

1 DIE LACKIERTE WELT

Was meine These aus der Einleitung angeht, leben wir in einer Welt, in der die meisten Menschen eine Menge Scheiße in ihren Därmen mit sich rumtragen, aber dafür hübsch lackierte Fußnägel vorweisen können.

Das glaubst du nicht? Dann schau dich doch einfach mal genau um. Die Autos glänzen, die Vorgärten sind hübsch dekoriert, wir tragen schicke Anzüge und sind größtenteils höflich, zurückhaltend und nett. Selbst das Obst im Supermarkt sieht aus wie im Bilderbuch! Es glänzt, es funkelt und es strahlt in den allerbuntesten Farben. Doch genauso, wie das meiste Obst und Gemüse fad und wässrig schmeckt und nur noch wenig bis keine Vitamine und Mineralien mehr enthält, ist auch unser Leben oft fad, wässrig und von jeglicher Lebendigkeit befreit. Klar, der Apfel aus dem eigenen Garten sieht nicht unbedingt so aus wie der im Werbeprospekt des Supermarktes, und der Honig aus der Nachbarschaft hat vielleicht nicht so eine tolle Verpackung, Farbe und Konsistenz wie der aus der Werbung, doch der Geschmack ist nicht selten eine absolute Offenbarung.

Und sei doch mal ganz ehrlich.

Wofür hast du in deinem Leben bisher mehr Geld und Zeit investiert?
Für deine körperliche oder geistige Gesundheit, für dein Inneres oder für die Oberfläche?

Wer investiert denn wirklich Zeit und Geld in seine Psyche?
Wer investiert denn regelmäßig Zeit und Geld für Entspannung, Massagen, Genuss, Pausen usw.?

FRAGE DICH SELBST!

Ja, es werden mehr, doch der Großteil der Menschheit hat ein anderes primäres Ziel: »Wenn die Scheiße schon stinkt, lackieren wir sie wenigstens glitzernd pink und beträufeln sie vielleicht noch mit ein bisschen Orchideenduft!« Wir wollen aussehen wie die mit Photoshop und ordentlich Spachtelmasse getunten Models auf dem Zeitschriften-Cover. Wir wollen Vorgärten und Wohnungen, wie sie im Fernsehen vor unseren Augen eingerichtet werden und auf die unsere Mitmenschen neidisch sind. Wir wollen Autos fahren, die uns aus Schaufenstern und Werbesendungen anstrahlen und die so viel Kraft und Stärke ausstrahlen, dass sie tatsächlich in der Lage sind, unsere Erschöpfung und Müdigkeit zu überdecken. Ein Seminar oder Vortrag zum Thema »Schlank sein« oder zum Thema »Hautstraffung« lässt sich genauso leicht verkaufen wie die dazu passenden Pillen und Zeitschriften, doch wenn es um das Innere des Menschen geht, lässt das Interesse schnell nach. Wir leben in einer lackierten, bunt glänzenden Welt, doch sie ist einfach voller Scheiße.

Die meisten spüren das auch tief in ihrem Inneren! Wir spüren fast alle, dass irgendetwas nicht stimmt, wir spüren unsere Anspannung, unseren Stress und unsere Unzufriedenheit, und wir versuchen mehr oder weniger alle, diese inneren Dissonanzen in der äußeren Welt zu beseitigen.
Wofür investierst du denn so deine Zeit und dein Geld?

Und geht es dir damit so gut, wie du es dir davon erhofft hast? Wenn nicht, woran könnte das denn liegen?

FRAGE DICH SELBST!

Wir leben doch in Deutschland in einer absoluten Wohlstandsgesellschaft. Fast alle Menschen haben ein Dach über dem Kopf, genug zu essen, sind sozial abgesichert und haben unbegrenzten Zugang zu öffentlichen Medien, Informationen und Unterhaltung. Viele sind schick und modisch gekleidet, haben trendige Frisuren, haben einen relativ hohen Bildungsstand, und unsere Nachbarn haben stets einen guten Eindruck von uns. Dazu kommen viele Menschen, die ein Auto haben, in einer Partnerschaft leben, sich die Wohnung schön einrichten, in Urlaub fahren können und auf einem »Full HD«-Fernseher das abendliche Verdummungsprogramm gestochen scharf in ihr Unterbewusstsein rieseln lassen.
Ich liebe Filme, ich liebe Filmmusik und ich fahre auch liebend gerne ein schnelles, schickes Auto oder fliege in den Urlaub. Nichts davon ist schlecht, wie es auch nicht schlecht ist, sich die Fußnägel zu lackieren, doch das bringt eben nichts, wenn man kacken muss.

Wäre das wirklich alles so zufriedenstellend, wie wir es uns vorstellen, müsste doch alles in Ordnung sein, in uns und in dieser Welt. Müssten wir nicht alle total erfüllt, glücklich und zufrieden sein, wo doch im Grunde alles so läuft, wie wir es gerne hätten? Diese Frage haben sich viele von uns sicher schon mal gestellt, doch die meisten schieben sie schnell wieder beiseite und machen weiter wie bisher.

Während ich dieses Buch schreibe, fahre ich ein 15 Jahre altes Auto mit über 20 000 km auf der Uhr, war seit zwei Jahren nicht mehr im Urlaub und sitze in einer 50 m^2 Bude, in der ein Handspiegel und eine Glühbirne so tun, als wären sie ein Spiegelschrank, und kann von mir behaupten, dass mein Leben sich noch nie so echt und so wahrhaftig angefühlt hat, wie es das heute tut!

Wieso fühle ich mich dabei frei, glücklich, zufrieden und gesünder als je zuvor?
Ganz einfach. Ich habe eine Menge Zeit auf dem Klo verbracht! Ja, der Lack meines Lebens ist in den letzten Jahren ganz schön zerbröckelt. Doch ich habe für mich erkannt, dass es in erster Linie gar nicht auf diese Lackschicht ankommt, sondern darauf, mich und meine Gefühle zum Ausdruck zu bringen und ein echtes Leben von innen nach außen gerichtet zu führen. Das kannst auch du, wenn du es wirklich willst, doch dafür müssen wir uns erstmal anschauen, wieso du das nicht tust.

Wieso lackieren wir uns lieber die Nägel, als einfach mal richtig zu kacken?

2 LACKIEREN WILL GELERNT SEIN.

Wieso lackieren wir unsere Fußnägel, wo wir doch eigentlich mal was in die Schüssel drücken müssten? Wieso tun wir das, was wir tun und auf die Art und Weise, wie wir es tun, obwohl es uns damit offensichtlich nicht so gut geht und wir nicht zu dem Ergebnis kommen, welches wir uns erhoffen?

Die Antwort ist absolut simpel! Weil wir es so gelernt haben und so programmiert worden sind! Moment! Wir wurden programmiert? Was soll das denn bitte heißen? Wir sind doch keine Roboter!

Stimmt! Roboter sind wir wirklich nicht. Dennoch basiert unser gesamtes Denken und Handeln auf von außen zugetragenen Informationen, die auf unserer Festplatte gespeichert werden, bis wir anfangen, fehlerhafte Daten zu löschen und uns neu zu programmieren. Dafür werde ich zunächst das Modell eines Computers verwenden, der auch die Grundlage eines funktionierenden Roboters bildet, der wir natürlich nicht wirklich sind.

Wir kommen auf die Welt mit einem gewissen Startprogramm. Dieses enthält das gesamte Potential, welches wir in diesem Leben entfalten könnten. Es besteht aus der Hardware (dem eigentlichen Rechner) und ein bisschen Software (die Programme, die der Rechner ausführt). Bei uns entspricht das dem Körper und den Startprogrammen, wozu auch unsere Gene und alles, was wir bereits in der Schwangerschaft mitbekommen haben, gehören. Das ist im Übrigen viel mehr, als die meisten glauben, denn das Kind ist mit der Mutter verkabelt, nicht nur durch die Nabelschnur. Es gibt auch eine kabellose Verbindung über die Emotionen, sozusagen WLAN im Mutterleib.

Das Kind bekommt ihren Stress, ihre Ängste und damit natürlich auch ihre körperlichen Beschwerden mit und wird dadurch bereits geprägt, um in dem Lebensraum der Mutter überleben zu können. Man könnte hier, wenn man im EDV-Sprachgebrauch bleiben will, auch von einem Motherboard sprechen. Es ist sozusagen die Startbasis, die in der Mutter angelegt wird, was wörtlich übersetzt ja dem Mutterbrett entspräche.

Dieses Startprogramm ist zu der Zeit noch relativ einfach gestrickt. Es soll das Überleben sichern und sich an die Welt, in der das Kind nun überleben soll, anpassen. Zum Zeitpunkt der Geburt ist es neben dem Motherboard bereits mit weiterer Hardware ausgestattet:

- einer Webcam zum Sehen und einer Grafikkarte zum Verarbeiten der Bilder, was den Augen und der weiteren Verarbeitung optischer Reize entspricht
- einem Mikrofon und einer Soundkarte, die den Ohren und dem Gehörgang entsprechen
- einer Festplatte, auf der all die Informationen gesammelt werden können
- einem Scanner, der in den Fingern sitzt und über Berührung weitere Informationen sammelt
- Lautsprechern, die lautstark Töne von sich geben können
- einem Lüfter für Luftzufuhr durchs Atmen und natürlich auch für Luftabfuhr in Form von Pupsen und Rülpsern

Neben gesonderter Spezialhardware, die sogar Gerüche und Geschmäcker wahrnehmen kann, ist das Kind einem Hochleistungs-PC weit überlegen, denn es kann Unmengen von Daten aufnehmen und verarbeiten und hat noch jede Menge anderer Sinne, die noch nicht ausreichend erforscht sind.

Wir haben also ein Startprogramm, unsere Wahrnehmungsfähigkeit und eine leere, sich schnell füllende Festplatte. Was nun geschieht, liegt nicht in unserer Macht! Wir programmieren uns nämlich nicht selbst, sondern unsere Festplatte wird mit Informationen, z. B. von unseren Eltern, unserem Umfeld, Erziehern, Kindergärtnerinnen, Tanten, Onkel, Großeltern, Geschwistern, den Medien oder anderen Informationsgebern aus dem Umfeld vollgestopft.
(Im weiteren Verlauf werde ich diese Einflussfaktoren öfter nur als »Eltern« bezeichnen, womit jedoch alle Einflussquellen gemeint sind. Es geht nicht darum, einen Schuldigen zu finden, sondern darum, den Weg der Programmierung zu verstehen.)

Das geschieht nicht nur durch Worte, sondern wir saugen einfach alles auf, was in unserem Umfeld geschieht. Dieser Vorgang geht ungefähr bis zum 6. Lebensjahr vonstatten und bestimmt bis heute unser Leben. Das ist der Zeitraum, in dem unsere Festplatte mit Informationen darüber gefüttert wird, wie die Welt ist, wie sie zu sein hat, wer wir sind, wie wir zu sein und mit der Welt umzugehen haben.
Unser Gehirn wächst in dieser Zeit besonders schnell und befindet sich in einer Art tranceähnlichem Zustand, ähnlich dem einer Hypnose (das fanden Hirnforscher und Neurologen anhand von EEGs heraus). Wir nehmen einfach alles auf, was um uns herum geschieht, und entwickeln unser Selbstbild und ein Bild von der Welt. Wir sind in dieser Zeit in etwa so wie ein tro-

ckener Schwamm, der jede Flüssigkeit sofort ungefiltert aufsaugt.

Erst im Alter zwischen vier und acht Jahren entwickelt sich ein Gehirnareal, welches präfrontaler Cortex genannt wird. Er entspricht einer brillanten, in der Großhirnrinde entwickelten Zusatzsoftware, welche uns die Selbstreflektion und Überprüfung der Inhalte ermöglicht. Erst jetzt erhalten wir also die Möglichkeit, selbst auf unsere Festplatte zuzugreifen, Inhalte zu löschen und gezielt neue Inhalte hinzuzufügen. Frühe Anzeichen dieser neuen Funktion merkt man bei Kindern häufig daran, dass sie Dinge nicht mehr einfach glauben. Oft kommt dann das Fragewort »Warum?« auf den Tisch. Wir haben von nun an die Wahl, nicht mehr alles unhinterfragt hinzunehmen. Hierbei sei gesagt, dass, nur weil wir die Möglichkeit zum Hinterfragen haben, nicht automatisch jeder Gebrauch davon macht. Es ist erschreckend zu sehen, wie wenig Menschen diese Fähigkeit als sogenannte »Erwachsene« tatsächlich nutzen, um damit die Art und Weise, wie wir mit unserer Umwelt umgehen, zu hinterfragen und zu ändern.

Naja, zurück zum Thema …
So entwickelt sich dann unser Betriebssystem, mit dem wir ab jetzt durch die Welt laufen und weitere Informationen auf der Festplatte sammeln und verarbeiten, was wir dann als Erfahrungen bezeichnen. Für dieses Betriebssystem können wir also im Grunde nichts, und somit sind all unsere Bewertungen, Gedanken, Konzepte, auf deren Basis wir die Erfahrungen machen, nichts weiter als frühkindlich programmierte Filter.

Dieser Vorgang ist im Grunde wie eine Brille, die ungefähr sechs Jahre lang geformt wird, und durch die wir unsere Welt anschließend betrachten. Das mehr oder weniger Lustige dabei ist, dass wir die Informationen in den ersten sechs Jahren von Menschen erhalten, die den größten Teil ihrer Informationen auch in den ersten sechs Jahren erhalten haben, und nur die wenigsten haben diese Informationen jemals in Frage gestellt oder reflektiert, also je von ihrem präfrontalen Cortex aktiv Gebrauch gemacht.

Fällt dir dabei etwas auf? Willkommen im Kindergarten!

Ja, diese Welt ist ein Kindergarten, kaum ein Mensch handelt anders, als es ein sechsjähriges Kind tun würde. Klar, wir können uns (zumindest meistens) kultivierter ausdrücken als mit sechs, doch wir sind noch immer bedürftig, unreif, unselbstständig und streben immer noch nach der Liebe und Aufmerksamkeit von anderen. Wir sind brav, fleißig, angepasst, ruhig, reißen uns zusammen, strengen uns an, streben nach mehr …

Wir tun all das, was uns als Kind beigebracht wurde, ohne jemals ernsthaft die Art, wie wir leben, in Frage zu stellen. Solltest du jetzt den erleuchtenden Einfall haben, dass das nicht auf dich zutrifft, wirst du mit anderen Programmen gefüttert sein, die im Grunde das gleiche Ziel verfolgen, wie die oben genannten. Denn wenn es eine Sache gibt, in der wir uns alle gleichen, dann liegt sie in dem Motiv, welches uns als Kinder allen das Überleben garantiert hat:

Es ist das Streben nach Aufmerksamkeit!
Das könnte für dich eine zugleich befreiende und auch fordernde Information und Aufgabe sein, denn sie sagt dir im Grunde, dass du eben alles so machst, wie du es gelernt hast, und auch deine Eltern alles so gemacht haben, wie sie es ge-

lernt haben. Ihr habt alle euer Bestes gegeben und nach bestem Wissen und Gewissen gehandelt. Die große Chance besteht darin, dass du nun die Möglichkeit hast, die Dinge in deinem Leben, die offensichtlich nicht wie versprochen funktionieren, zu ändern, indem du deinen präfrontalen Cortex endlich aktiv zu benutzen beginnst!
(Da ich hier kein wissenschaftliches Buch schreiben möchte, empfehle ich dir, dich anderweitig über Konditionierung und das Unbewusste zu informieren und dich mit Hirnforschung und Neurologie auseinanderzusetzen, wenn du diese Inhalte überprüfen willst.)

Wenn du also lieber deine Nägel lackierst, als kacken zu gehen, dann weil du glaubst, du bekämst für lackierte Nägel mehr Aufmerksamkeit als fürs Kacken.

3 MOTIVIERT LACKIERT

Wieso machen wir denn nun das Ganze?
Wieso saugen wir all diese Informationen auf und speichern sie ab, ohne sie zu hinterfragen?
Was ist unsere Motivation?

FRAGE DICH SELBST!

Wir tun im Grunde all das, was wir tun, weil wir etwas erreichen oder etwas vermeiden wollen. Alles basiert auf unserem eigenen Egoismus, der sich von seinem eigenen Verhalten stets eine Verbesserung seiner derzeitigen Befindlichkeit verspricht. In dem Falle ist also »gut gemeint« das Gegenteil von »gut«. Selbst wenn das Verhalten vollkommen daneben ist und nicht zum Ziel führt und vielleicht sogar zu einer Verschlechterung der Befindlichkeit führt, war es doch stets gut gemeint. Der Egoismus eines Kindes sorgt in erster Linie für dessen Überleben. Neben der nötigen Nahrung, frischer Luft, Bewegung, ausreichend Trinkwasser ist Aufmerksamkeit das wichtigste Grundbedürfnis zur Sicherung des kindlichen Überlebens. Diese Sehnsucht nach Aufmerksamkeit ist für Kinder tatsächlich überlebenswichtig!

Es gibt den sogenannten Kaspar-Hauser-Versuch, bei dem speziell soziale Tiere wie Affen ohne Kontakt zu ihren Artgenossen oder anderen Tieren aufgezogen wurden und größtenteils krank wurden oder verstarben.

Diese Versuche sollen in den 70er Jahren auch mit menschlichen Kindern gemacht worden sein – mit ähnlichem Ergebnis. Säuglinge wurden mit allem versorgt, was sie benötigten: Nahrung, Bewegung, Licht usw. Das Einzige, was man ihnen nicht gab, war Aufmerksamkeit. Das Ergebnis waren Krankheit und Tod.

Aufmerksamkeit und Liebe, die aus dieser Sicht identisch sind, sind daher überlebensnotwendig und somit ein nachvollziehbarer Wunsch, der sogar ein Grundbedürfnis des Menschen darstellt. Wir wollen also gesehen, geliebt und in unserem »So-Sein« bestätigt werden, ziehen aber dennoch aus Gründen des Überlebens jede Form von Aufmerksamkeit dem »Ignoriert werden« vor. Das Leben hat sich dabei natürlich etwas gedacht.

Das Ziel ist es, in dem Umfeld, in das wir geboren wurden, zu überleben. Dafür müssen wir möglichst viel darüber lernen, wie man sich in diesem Umfeld zu verhalten hat, und saugen daher alle nötigen Informationen auf. Wir nehmen das Verhalten der Eltern wahr, speichern es auf der Festplatte ab und imitieren es anschließend. Ob dieses Verhalten als positiv oder negativ bezeichnet oder von den Eltern bei sich selbst überhaupt wahrgenommen wird, spielt keine Rolle. Sobald das Kind beginnt, die Eltern zu imitieren, bekommt es dafür Aufmerksamkeit, egal, ob es die Unruhe der Mutter spiegelt oder das Lachen des Vaters oder endlich »Ach du scheiße!« sagt, was es vielleicht im Kindergarten aufgeschnappt hat. Es bekommt auf jeden Fall Aufmerksamkeit für das gespiegelte Verhalten. Egal ob wir es als positiv oder negativ bezeichnen! Das ist ein natürlicher Anpassungsprozess der Evolution, der dafür sorgt, dass jedes Lebewesen in seinem angestammten Territorium, in das es hineingeboren wird, überleben kann.

Wie zeigt sich dieser Wunsch nach Aufmerksamkeit?
Wir wollen geliebt, gesehen, anerkannt oder verstanden werden. Wir wollen frei, glücklich, zufrieden oder gesund sein. Wir wollen es leicht und natürlich auch Spaß haben.
Was glaubst du, wie man diese Dinge bekommt?

FRAGE DICH SELBST!

Vielleicht findest du eine oder mehrere deiner Antworten in den folgenden Glaubenssätzen wieder:
Glaubenssätze auf dem Prüfstand (Part 1):

- Ich werde geliebt, wenn ich gut zu anderen bin.
- Ich werde gesehen, wenn ich viel tue und erfolgreich bin oder wenn ich negativ auffalle.
- Ich werde anerkannt, wenn ich viel weiß und viele richtige und wichtige Dinge zu sagen habe. Fachbegriffe, am besten lateinischen Ursprungs, sind dabei besonders beliebt.
- Ich werde verstanden, wenn ich der gleichen Meinung bin wie mein Gegenüber.
- Ich bin frei, wenn ich viel Geld oder Macht habe, und dadurch tun und lassen kann, was ich will.
- Ich bin glücklich, wenn ich alles erreicht habe, besitze und geliebt werde.
- Ich bin gesund, wenn ich gesunde Sachen esse, zum Sport gehe und die richtigen Pillen schlucke.
- Ich werde es leicht haben, wenn ich im Urlaub bin.
- Ich werde Spaß haben, wenn ich Freizeit habe und mich mit meinem tollen Hobby beschäftige.

Das sind einige simple und pauschale Überzeugungen, wie sie mir jeden Tag begegnen, wenn ich mit Menschen spreche und arbeite. In ihren Köpfen sind also, ähnlich einem Computer, mathematische Gleichungen angelegt. Wenn ich das und das tue, habe oder sage, bekomme ich dies und das und mir geht es so und so.
Diese Gleichungen haben wir in unserer Kindheit, wie auch vieles andere, bereits sehr früh von unseren Eltern gelernt und übernommen. Diesen Prozess bezeichnet man als Konditionierung. Eine Konditionierung funktioniert über ein Belohnungs- oder auch ein Bestrafungssystem. Belohnt werden wollen wir natürlich mit Aufmerksamkeit und bestraft werden wir durch den Entzug selbiger.

Welches Verhalten dabei gut oder schlecht ist, für welches wir belohnt und für welches wir bestraft werden, hängt – neben der gegenwärtigen Laune der Eltern – auch vielmehr von deren Wertvorstellungen, vom gesellschaftlichen und kulturellen Hintergrund sowie oftmals von ziemlicher Willkür ab. Dabei sei noch einmal erwähnt, dass ich Eltern hier keine Boshaftigkeit oder Dummheit unterstellen möchte, da auch sie lediglich so vorgehen, wie deren Eltern es ihnen vorgelebt haben.

So werden wir geprägt, nein, eher trainiert oder noch treffender dressiert zu kleinen, braven Schimpansen, die »Danke« sagen, wenn sie dazu aufgefordert werden und zur Belohnung einen Keks bekommen. Doch haben wir Dankbarkeit dadurch wirklich verstanden oder gar empfunden? Das ist im Grunde wirklich genauso wie bei einem Hund, der fürs Sitzmachen ein Leckerli bekommt und nach einer gewissen Zeit verstanden hat, dass er belohnt wird, wenn er eine bestimmte von uns gewollte Handlung vollzieht. Sei fleißig, sei brav, sei ruhig, dann bekommst du unsere Liebe – mach Sitz, dann bekommst du den Keks. Das ist die ausgesprochene Botschaft der meisten Eltern analog zum Hundehalter.

Hätte man uns die ersten sechs Jahre lang erzählt, dass man diese Aufmerksamkeit bekommt, wenn man jeden Tag dreimal mit dem Kopf gegen die Wand läuft, würde ich dafür garantieren, dass wir heute immer noch dreimal am Tag mit dem Kopf gegen die Wand laufen würden. Es gäbe sogar Zeitschriften darüber, wie man richtig gegen die Wand laufen kann, und es würde Seminare geben, in denen wir gemeinsam gegen die Wand laufen. Wir wären in der Lage zu ignorieren, dass es wehtut und nichts bringt, und würden stattdessen an uns selbst zweifeln, da wir es offenbar nicht richtig machen und an uns arbeiten müssen, bis wir es endlich hinbekommen. Schließlich läuft die ganze Welt gegen die Wand, was im Übrigen auch der Grund dafür ist, dass wir selbst dafür keine Aufmerksamkeit mehr bekommen, denn es macht ja schließlich jeder. Vielleicht, wenn wir so lange üben, dass wir die Wand so treffen, dass uns der Kopf wegfliegt, dann sind wir wieder etwas Besonderes und bekommen Aufmerksamkeit. Doch für welchen Preis?

So wollen wir heute noch nett, brav, angepasst, fleißig und lieb sein, in der Hoffnung, endlich glücklich und geliebt zu werden, endlich die Aufmerksamkeit zu bekommen, die wir uns wünschen, und endlich anzukommen, und all das nur, weil man uns gesagt hat, dass es genau so geht.
Natürlich bestrafen die meisten von uns sich sogar selbst, wenn sie diesen Vorstellungen nicht entsprechen.

Zusammengefasst:
Wir brauchen Aufmerksamkeit. Diese ist überlebenswichtig!

Kinder können diese nur von außen erhalten. Eltern versprechen uns Liebe für bestimmte Verhaltensweisen. Frage: Sind diese Aufmerksamkeit und die versprochene Liebe das Gleiche?

FRAGE DICH SELBST!

Schau dir doch einfach mal Eltern im Umgang mit ihren Kindern an. Wann bekommen Kinder besonders viel Aufmerksamkeit? Wenn sie still und brav in der Ecke sitzen oder wenn sie schreien, rebellieren, laut lachen, Lärm machen oder ein anderes, besonders auffälliges Verhalten zeigen, was von der alltäglichen Norm abweicht? Ein lachendes Baby bekommt Aufmerksamkeit, ein schreiendes aber auch, ein ruhiges in der Regel weniger. Solange das Kind unbemerkt im Raum ist, wenden sich Eltern diesem Kind in der Regel selten zu. Sobald es anfängt zu schreien, zu randalieren oder es irgendein auffälliges Verhalten an den Tag legt, bekommt es im Grunde immer das, wonach es sich auch sehnt, nämlich Aufmerksamkeit. Obwohl die Eltern uns sagen, sie würden uns mehr lieben, wenn wir brav, ruhig, fleißig und angepasst sind, geben sie uns doch eher dann ihre Aufmerksamkeit, wenn wir es gerade nicht sind.

Merkst du was? Sehr gut! Dann ist dir bereits etwas aufgefallen, was sehr vielen nach wie vor verborgen bleibt!
Tja, was soll ich sagen, wir sind da scheinbar mächtig verarscht worden.

Man hat uns gesagt, dass etwas wahrer ist als das, was wirklich ist. Dass etwas, was wir glauben, mehr Liebe verspricht, als es die Liebe wirklich tut. Dass wir Aufmerksamkeit für gewünschtes Verhalten bekommen, obwohl wir es doch am meisten erhalten, wenn es nicht erwünscht ist. Vielleicht verstehst du nun auch, wieso es so viele Kinder gibt, die schreien, schlagen, treten, beißen, den Unterricht stören und all die anderen auffälligen Verhaltensmuster zeigen, die einem einfallen können. Manche Kinder werden geschlagen, aggressiv angeschrien oder sonst wie diszipliniert und somit für ihr Verhalten belohnt. (Ja, du hast richtig gelesen! Sie werden belohnt!) Denn sie bekommen dadurch das, was sie zum Leben brauchen!

Was war das noch gleich? Richtig! AUFMERKSAMKEIT!
Sie ziehen diese Konsequenzen dem Schweigen und der Ignoranz ihrer Eltern vor. So werden übrigens auch viele Kinder häufig krank, da sie dann besonders viel Aufmerksamkeit bekommen. Sie simulieren das nicht, sondern werden tatsächlich von ihrem Körper unterstützt, um zu überleben! Was sind das doch für brillante Körper, die uns auf unserem Weg immer wieder unterstützen, selbst wenn wir ihre Unterstützung als »Krankheit« ansehen und zu heilen versuchen. Doch darauf werde ich später noch genauer eingehen.
Man könnte das Ganze wirklich als Überlebensstrategie bezeichnen, da wir ohne diese Aufmerksamkeit zu Grunde gehen würden. Überleg mal, welche Verhaltensmuster du heute noch hast, durch die du deine Aufmerksamkeit bekommst.

FRAGE DICH SELBST!

Leidest du gerne offensichtlich, um Mitleid zu bekommen?
Rebellierst du gerne, damit du gesehen und wahrgenommen wirst?
Bist du besonders aufbrausend und laut, um die Blicke auf dich zu ziehen?

Bist du ein Clown oder doch eher ein Streber?
Welche Programme sind heute noch aus deiner Kindheit übrig geblieben, und brauchst du sie wirklich noch, um zu überleben?

FRAGE DICH SELBST!

Zusammengefasst:
Aufmerksamkeit ist das, wonach sich das Kind sehnt. Es ist das, was wir als Liebe bezeichnen müssten. Doch unser Konzept von Liebe ist nicht unbedingt das, was wirklich als Liebe (Aufmerksamkeit) bei dem Kind ankommt.
Man sagt uns, dass wir mehr Aufmerksamkeit für lackierte Nägel (gewünschtes und anerkanntes Verhalten) bekommen als für einen stinkenden Haufen Scheiße, der das natürliche Ergebnis unseres Drangs zum Kacken wäre.

Glaubst du das immer noch?
Dann lauf mal einen Tag mit lackierten Nägeln durch die Stadt und am nächsten kackst du in die Einkaufspassage und dann schau mal, wofür du mehr Aufmerksamkeit bekommst.
(Verrate dabei aber bitte keinem, dass du den Tipp von mir hast. Einen Videolink darfst du mir aber gerne zukommen lassen.)

Jetzt wird's aber erst richtig bescheuert. Obwohl das, was wirklich passiert, nicht das ist, was man uns gesagt hat, tun wir doch weiter genau das, was man uns gesagt hat, und ignorieren dabei die Tatsache, dass es im Grunde gedankliche und mächtig gequirlte Scheiße ist. Ich weiß, jetzt wird es ein bisschen knifflig, doch es ist extrem wichtig, genau das einmal verstanden zu haben.

Ich fasse darum noch einmal zusammen:
Das, was wirklich ist, hat einen Scheiß damit zu tun, was ich darüber denke, wie es sein sollte. Denn diese Gedanken sind nichts weiter als erlernter und weitergegebener Unsinn von Generation zu Generation. Und der Sinn dieses Buches ist, genau diesen Blödsinn einfach mal zu hinterfragen. Man hat uns sogar Angst gemacht, damit wir dem Glauben folgen und die Wahrheit nicht sehen. Wir hatten Angst, keine Aufmerksamkeit mehr zu bekommen, und haben so das getan, was uns Aufmerksamkeit versprach. Wir tun also etwas Bestimmtes, um etwas zu bekommen, was wir dadurch offensichtlich nicht bekommen, und leben von nun an im Prinzip Hoffnung. Wir hoffen, das zu bekommen, was man uns versprochen hat, dass wir es bekommen, bekommen es aber nicht und kommen nicht im Geringsten auf die Idee, das mal in Frage zu stellen.

Ich habe zum Beispiel eine gute Ausbildung, habe hart und viel gearbeitet, habe mich sehr gut benommen, war fleißig, bin viermal die Woche zum Sport gegangen, habe mich stets gut um meine Partnerinnen gekümmert, gesorgt und bemüht, war nett, hilfsbereit und all das dusselige Zeug, was man mir als Kind antrainiert hat, wie einem Hund das Sitzmachen!

Was war das Ergebnis?
Zu wenig Geld, ich fühlte mich ungeliebt, war ständig krank, unglücklich, unzufrieden mit mir und dem Leben, hegte hier und da Selbstmordgedanken, empfand das Leben als sinnlos und leer, verlor meinen Job, verlor meine Partnerin und stand vor einem großen Haufen Scherben und Scheiße!

Was für ein Segen!
Ja, du hast richtig gelesen! Es ist ein absoluter Segen, ent-

täuscht und desillusioniert zu werden, denn nur dadurch können die Täuschung und auch die Illusion enden. Das ist durchaus sehr schmerzhaft und stimmt sicher nicht mit den Sprüchen auf den Glückskeksen von deinem Lieblingschinesen überein. Doch erst wenn ich bereit bin, meine Hoffnung aufzugeben, mit meinen konditionierten Verhaltensmustern das zu bekommen, was ich will, und bereit bin, meine Augen für das zu öffnen, was wirklich ist, kann ich damit beginnen, die Wahrheit zu sehen.

Dieser Vorgang ist unumgänglich, um eine Veränderung im Leben möglich zu machen, und diese tut weh! Oder hast du schon mal eine Enttäuschung oder Desillusionierung erlebt, bei der du Luftsprünge gemacht hast. Ich meine nicht, nachdem es passiert ist, denn enttäuscht und desillusioniert geht es einem definitiv besser, als im Prinzip Hoffnung. Doch der Vorgang selbst ist nun mal einfach scheiße schmerzhaft. Solange ich all diese alten Geschichten darüber glaube, wie das Leben funktioniert, werde ich diesen Glaubensmustern weiter folgen, statt auf Basis der Wahrheit und der Realität zu leben.

Stell dir mal vor, du stehst an einer Bushaltestelle und wartest auf den Bus. Auf dem Fahrplan steht, dass der letzte Bus um 22 Uhr kommt. Du warst fünf Minuten vorher da, und der Bus kommt nicht.
Zehn Minuten später kommt er nicht, 20 Minuten später kommt er nicht, 30 Minuten später kommt er nicht. Je länger du dort stehst und auf den Bus wartest, desto größer wird die Hemmschwelle, dir einzugestehen, dass der Bus nicht mehr kommen wird. Du hast schließlich den festen Glauben daran, dass der Bus kommt, denn es steht ja auf dem Fahrplan. Die Realität und die Wahrheit sind stets das, was ist, und sie haben einen Scheiß damit zu tun, was du darüber glaubst. Der Bus kommt nicht und

wird auch nicht mehr kommen, und je früher du das einsiehst und damit deinen Glauben darüber, dass er kommt, in Frage stellst, desto kleiner ist der Schmerz. Je länger du wartest, umso mehr Energie hast du in deinen Glauben investiert und umso schwerer fällt es dir, den Glauben gegen die Wahrheit einzutauschen. In dem Moment, wo du die Enttäuschung zulässt und die Hoffnung auf die Ankunft des Busses aufgibst, wird das sicher nicht angenehm sein. Doch wäre es angenehmer, noch weiter zu warten?

Welche Dinge glaubst du heute noch, die nicht deiner Wahrnehmung und der Wahrheit entsprechen? Was versuchst du weiterhin auf genau die Art und Weise zu erreichen, mit der man dir gesagt hat, dass du es erreichen würdest, ohne sie jemals erreicht zu haben? Was hat es mit der Wahrheit zu tun? Was hat es mit der Realität zu tun? Ist es wirklich das, was ist?

FRAGE DICH SELBST!

Wenn du ein Interesse daran hast, gibt es eine Menge psychologische Bücher, die diesen Vorgang der Konditionierung viel genauer, wissenschaftlicher und weniger provokant beschreiben, als ich es hier tue. Mir ist es an dieser Stelle nur wichtig, dass du einen Einblick erhältst, wieso zum Teufel jemand, der kacken muss, auf die Idee kommt, sich die Fußnägel zu lackieren. Es liegt eben einfach daran, dass man ihm gesagt hat, dass er das bekommt, was er will, wenn er sich die Nägel lackiert und das Kacken unterdrückt. Das hat er so oft gehört, dass er es irgendwann wirklich geglaubt hat. Wenn er dann kacken muss, fühlt er sich nicht wohl und möchte wieder glücklich sein, und so beginnt er, sich die Fußnägel zu lackieren. Er folgt also dem Glauben darüber, dass es ihm wieder besser geht, wenn er sich die Fußnägel lackiert, anstatt seinem natürlichen Instinkt zu folgen und die Scheiße auszudrücken. Das wäre nämlich das, was er tun würde, wenn er nichts darüber gelernt hätte.

Also, hinterfrage den Scheiß, den du gelernt hast.

4 HINTERFRAGE DEN SCHEISS, DEN DU GELERNT HAST.

Leichter gesagt, als getan!

Vielleicht kannst du dich noch dunkel an das Zeitalter erinnern, in dem deine größte Befriedigung darin lag, deine Windel reich zu füllen. Es war die Zeit, in der du geschrien hast, wenn dir etwas nicht gepasst hat, wenn du Hunger hattest, wenn du einsam warst oder wenn der Haufen einfach ein bisschen zu warm wurde und dein Arsch zu jucken anfing. Es war die Zeit, in der du einfach alles gefühlt und ganz natürlich ausgedrückt hast, was an Energien in dir hochgekommen ist. Du konntest nicht mal unterscheiden, ob du gerade eine körperliche Empfindung ausgedrückt hast, indem du eben deine Windel gefüllt oder nach Essen geschrien hast, oder eine emotionale Energie, indem du deine Trauer oder Wut herausgelassen hast. Spannend ist, dass das die Zeit war, in der du dir am wenigsten Gedanken um dich und dein Leben machen musstest, und gleichzeitig die Zeit, in der im Grunde immer alles da war, was du für dein Leben brauchtest, da du sonst diese Zeilen hier nicht lesen könntest. Ist es nicht verrückt, dass wir es geschafft haben, 40 Wochen lang aus einem kleinen Protoplasmatropfen heranzuwachsen, unsere Augenfarbe auszubilden, Arme und Beine zu entwickeln, all unsere Organe wachsen zu lassen und zu einem menschlichen Wesen zu mutieren, gut genährt, versorgt und behütet zu sein, ohne zu wissen, wie das funktioniert?

Wir hatten damals von alledem keine Ahnung, kein Konzept, kein Wissen und hatten weder Anstand, Moral noch Religion, und trotzdem haben uns alle für süß gehalten, und wir wurden sogar heftig dafür gelobt, wenn wir unserer Mutter ins Gesicht gerülpst haben. Über diesen Zustand hat es bisher weder die Sonne noch ein Baum noch sonst etwas Natürliches hinaus geschafft, das nicht konditionierungsfähig ist. Kein Lebewesen dieser Welt hat es bisher geschafft, sich weiter von einem natürlichen Ausdruck seiner selbst zu entfernen als der Mensch.

Die Sonne scheint, und niemand könnte sich vorstellen, dass sie etwas anderes tut. Wir kämen noch nicht einmal auf die Idee, dass sie etwas anderes machen könnte. Es ist einfach ihre Natur. Die Fichte wächst zu einer Fichte heran, weil es einfach in ihrem Samen angelegt ist, und sie könnte niemals ein Buchsbaum werden, selbst wenn ich mir noch so viel Mühe gebe, es ihr beizubringen.
Niemand würde auf die Idee kommen, einen Bildungsgang für Sonne oder Fichte zu erschaffen, um ihnen zu erklären, wofür sie da sind oder was sie tun sollen. Du könntest der Sonne auch 20 Jahre lang erklären, dass es sich gehört, nicht ganz so heiß zu scheinen, oder du könntest ihr eine horrende Summe bieten, um noch etwas heller zu scheinen, all das würde das Verhalten der Sonne in keinster Weise beeinträchtigen. So absurd das klingen mag, entspricht es doch dem, was wir Menschen hier mit absoluter Begeisterung bei uns selbst praktizieren.

Um das von vornherein klarzustellen, ich plädiere hier nicht für eine Welt, in der wir uns wie Tiere benehmen, unsere Exkremente in der Welt verteilen oder uns in die Steinzeit zurückkatapultieren. Es geht mir mehr darum, dass wir wieder zum Menschsein finden, und damit meine ich natürlich auch nicht, dass wir uns wieder wie Babys benehmen, denn das tun wir schon zur Genüge (zumindest kenne ich eine Menge Männer, die sich nach wie vor gegenseitig beim Rülpsen zujubeln, wobei ich natürlich nicht dazugehöre).

Ganz im Gegenteil, mir liegt daran, dass wir erwachsen werden! Erwachsen kommt von wachsen und bedeutet, dass wir nicht in unserer frühkonditionierten Entwicklung hängen bleiben, sondern lernen, unsere eigene Wahrheit zu finden, und aufhören, uns wie die Lemminge der Masse anzuschließen, während selbige sich fröhlich grinsend und alle Warnhinweise ignorierend den Abgrund hinunterstürzt.

Es geht mir in erster Linie auch nicht darum, dir neues Wissen zu vermitteln, ein neues Konzept an die Hand zu geben oder dir zu erklären, wie du dein Leben zu führen hast. Es geht mir darum, dass du endlich wieder lernst herauszufinden, was wahr ist. Ganz einfach und ohne viel Geschnörkel. Das wiederum ist so einfach, dass es dem Grunde nach nichts zu lernen gibt, um die Wahrheit zu finden, weil die Wahrheit einfach absolut offensichtlich ist.

Es gibt nur einen Grund dafür, dass du die Wahrheit nicht sehen kannst, und das ist der Glaube, den du darüber hast, wie die Wahrheit aussehen sollte.

Lass mich das an einem kurzen Beispiel verdeutlichen.

Wenn es draußen regnet, ist das die Wahrheit. Ich kann mir einen Schirm nehmen und rausgehen. Ich kann zu Hause bleiben oder mir einfach darüber im Klaren sein, dass ich nass werde, wenn ich rausgehe. Ich kann natürlich auch meditieren, Affirmationen aufsagen oder in den Wetterbericht schauen, in dem es vielleicht heißt, dass gerade die Sonne scheint. Ich kann mir Sonne vorstellen, Widerstand gegen den Regen leisten und mir sagen, dass es nicht regnen sollte. Ganz hoch im Kurs stehen im Übrigen nach wie vor Wünsche beim Universum und positives Denken, welche natürlich genauso wenig daran ändern, dass es regnet, wie das tiefe und genussvolle Bohren in der Nase. All das ändert einfach absolut überhaupt nichts an der Wahrheit, dass es regnet, und wenn ich diese ignoriere, werde ich spätestens im Kontakt mit dem Regen desillusioniert und vor allem nass.

Der Unterschied, der mein Handeln beeinflusst, liegt hier darin, ob mein Handeln auf der Wahrheit basiert oder auf einer Vorstellung. Gehe ich nun auf Basis der Wahrheit raus, nehme ich mir einen Schirm mit und bleibe trocken. Auf Basis der Vorstellung gehe ich raus, werde nass und ärgere mich.

Beides hat jedoch keinen Einfluss auf die Wahrheit, nur dass das eine eben zu einem befriedigenden Ergebnis führt und das andere zu einem unbefriedigenden.
Wenn du also den Glauben hast, du müsstest kacken, ohne aber wirklich zu müssen, wird dich auch das Kacken nicht befriedigen. Das kann es nur, wenn du wirklich kacken musst! Wenn das dann wirklich der Fall ist, musst du absolut nichts über das Kacken selbst wissen oder verstanden haben. Es geschieht völlig natürlich. Das Problem an der ganzen Geschichte ist vielmehr, dass wir unglaublich viel Wissen, Glauben und Konzepte angesammelt haben, die uns von der Wahrheit fernhalten.

So haben wir Ethik, Moral, Religion, Gesellschaftskonformität, Sekten, Knigge, die globalisierte Weltwirtschaft und viele andere lustige Konzepte, die uns zu einem kollektiven Einheitsbrei werden lassen, dessen Lügengebilde nicht nur fürchterlich zum Himmel stinken, sondern auch noch krank, unglücklich und dick machen.

Diese Ergebnisse und Konsequenzen sind dann wieder die Wahrheit. Doch wir nehmen diese Wahrheit einfach nicht wirklich wahr, da wir ein riesiges Schmerzbetäubungsprogramm aus Medien, Medikamenten und gesellschaftskonformen oder spirituellen Glaubenssystemen haben, die uns ein wenig Erleichterung und Seelenheil versprechen.

Obwohl die meisten merken, dass irgendetwas daran nicht so richtig stimmt, obwohl viele das Leiden ihres Körpers kaum noch übersehen können, und obwohl die meisten Menschen auch psychisch sehr angeschlagen sind, gilt die Art, wie wir hier leben, oft als alternativlos. – Prinzip Hoffnung!

So suchen wir immer wieder nach neuen Glaubensrichtungen, ohne die wirkliche Ursache verstanden zu haben. Der Glaube an Wiedergeburt oder Himmel lässt uns auf eine Erlösung hoffen, während wir das Einzige, was wir wirklich haben, verschwenden, nämlich diesen Moment. Der Glaube an Ethik, Moral, Gebote, Gesetze, Regeln und Grenzen hilft uns, unseren gesunden Menschenverstand abzuschalten und stattdessen selbigem Folge zu leisten, um ein guter Mensch zu sein. Stell dir vor, du würdest ein Kind in einem See ertrinken lassen, weil ein »Schwimmen verboten«-Schild am Rande des Sees steht. Das kann passieren, wenn du Gesetzen mehr Beachtung schenkst als deiner Wahrnehmung! Der Glaube an Beziehungsmuster aus Hollywood-Filmen und Dualseelen-Fantasien lässt uns die Partner wechseln, nach Mr. oder Mrs. Right suchen und dabei die Chance einer wundervollen Beziehung von dannen ziehen.
Egal woran wir glauben, es hält uns davon ab, die Wahrheit zu sehen. Jeder Glaube begrenzt in irgendeiner Form unser Handlungsspektrum. Natürlich stimmt unser Glaube manchmal mit der Realität überein, was unseren Glauben stärkt, doch es gibt

genügend Situationen und Beispiele, in denen wir den Glauben vorziehen, unser Handeln nach ihm ausrichten und dadurch eine Menge Leid erzeugen, ohne es zu merken. Solange das, was du glaubst, auch wirklich deiner Realität entspricht, darfst du diesen Glauben behalten, bis er der Realität widerspricht. Natürlich darfst du das auch danach, wer soll es dir auch verbieten? Doch du erzeugst damit dein eigenes Leid! Leid entsteht nämlich nur dadurch, dass eine Diskrepanz zwischen dem, was ist, und dem, was ich darüber denke, existiert. So löst als Beispiel der Gedanke »Mein Partner ist gegangen« keinerlei Leiden aus, solange er mit der Wahrnehmung, dass mein Partner weg ist und weg sein darf, übereinstimmt.

Erst Gedanken wie, »Er sollte noch da sein!« oder »Er sollte mich nicht verlassen!« oder »Wir sollten für immer zusammen sein und sind es nicht mehr!« oder »Das ist so schrecklich!« usw. lösen wirklich Leiden in mir aus, weil mein Gedanke nicht mit meiner tatsächlichen, sinnlichen Wahrnehmung übereinstimmt, denn er ist nicht mehr da! Ich könnte ja auch dankbar für die gemeinsame Zeit sein und mich darüber freuen, dass Raum für etwas Neues geschaffen wurde.
Lass uns auch hier wieder einige Beispiele finden, von Gedanken, die du vielleicht glaubst, und einige Möglichkeiten, von dort aus zur Wahrheit zu gelangen:

Glaubenssätze auf dem Prüfstand (Part 2):

- Ich bin nicht gut genug!
- Um reich zu werden, muss man hart arbeiten!
- Ich werde meinen Partner immer lieben!
- Ich werde nie mehr Fleisch essen!

Ich bin nicht gut genug!:
Wenn du diesen Gedanken glaubst, wirst du niemals zufrieden mit dem sein, was du gerade tust. Du wirst keine Gehaltserhöhung einfordern, du wirst die Liebe deines Partners nicht annehmen können, und du wirst stets das Gefühl haben, an dir arbeiten zu müssen, um besser zu werden.
Wofür bin ich denn eigentlich nicht gut genug?
Für meinen Partner? Wieso ist er dann mit mir zusammen?
Für meinen Job? Wieso mache ich ihn dann jeden Tag, und wieso werde ich sogar dafür bezahlt?
Für mein Leben? Wieso lebe ich dann nach wie vor?
Kann man überhaupt gut genug sein? Ist es denn schlimm, nicht gut genug zu sein? Wie würde ich mein Leben ohne diesen Gedanken leben?

Um reich zu werden, muss man hart arbeiten!:
Hierin gibt es mehrere Glaubenssätze.

Wieso willst du überhaupt reich sein? Erhoffst du dir Freiheit, Glück und Freude? Empfindest du all diese Dinge bei deiner harten Arbeit und dem Streben nach selbigem?
Nimm eine Abkürzung, mach einen Job, auf den du Bock hast, und überfordere dich nicht selbst, um ein Ziel wie Reichtum zu erreichen.

Wie viele Menschen arbeiten hart und sind reich? Wie viele Menschen sind reich und arbeiten nicht hart? Wie viele reiche Menschen haben sich schon das Leben genommen, weil sie nicht glücklich waren?

Nutze ruhig immer mal wieder Google, um Beweise dafür zu finden, dass dein Gedanke nicht stimmt. Wenn ich durch Google eins gelernt habe, dann, dass es für jeden Gedanken Beweise und Gegenbeweise gibt, so dass ich am Ende sowieso selbst herausfinden muss, was für mich wahr ist. Es gibt Tausende solcher Überzeugungen, die der Realität widersprechen. Natürlich tun sie das nicht immer. Manchmal entsprechen sie auch der Realität. Doch du spürst es mit etwas Übung und Aufmerksamkeit sehr schnell, ob dein Gedanke mit deiner derzeitigen Wahrnehmung übereinstimmt oder nicht. Wenn er es nicht tut, spürst du eine Dissonanz, ein Unbehagen, eine Anspannung, ja irgendeine Form von Leiden!

Es gilt in jedem Moment herauszufinden, was gerade wahr ist, und je verallgemeinernder der Gedanke ist, desto weiter ist er vom jetzigen Moment und deiner individuellen Person weg, es sei denn, er stimmt gerade zufällig mit der Realität überein. (Wie paradox, dass ich diesen Sachverhalt in einem verallgemeinernden Satz zum Ausdruck bringe, oder?)

Ganz bekannt sind verallgemeinernde Gedanken mit Worten wie »man«, »immer« oder »nie«. »Das tut man so« oder »Das tut man nicht« finde ich manchmal besonders amüsant. Dieser »man« scheint eine ganz arme Sau zu sein, denn es gibt so vieles, was er nicht tun darf, und so vieles, was er tun muss, dass ich mich ernsthaft frage, wofür der Kerl überhaupt hier ist.

Würde ich daran glauben, dass man kein Buch übers Kacken schreiben dürfte, würde ich es vermutlich gerade trotzdem tun. Der Unterschied wäre, dass ich es nicht veröffentlichen, mich beim Schreiben weniger amüsieren und vielleicht mehr schämen würde, womit ich mich auch in meiner Freiheit einschränke (und glaub mir, bei manchen Formulierungen in diesem Buch durfte ich diese Gedanken tatsächlich erstmal in Frage stellen).

Ich werde meinen Partner immer lieben!:
Solange du deinen Partner liebst, gibt es kein Problem. Liebst du ihn jedoch irgendwann nicht mehr, kommst du an einen schwierigen Punkt. Du glaubtest ja daran, dass du deinen Partner immer lieben wirst und dass er oder sie der oder die Richtige für dich ist.
Doch was ist, wenn du ihn oder sie nicht mehr liebst?
Dann gibt es eine Dissonanz zwischen deinem Glauben und der Realität.

Muss es so etwas wie den oder die Richtige geben?
Muss Liebe ewig halten? Was würdest du tun, wenn du nicht glauben würdest, dass dein Partner deine große, einzige und wahre Liebe ist?
Was ist Liebe überhaupt?

***HAST DU DICH DAS JEMALS GEFRAGT?
JETZT WÄRE EIN GUTER ZEITPUNKT DAFÜR.***

Dadurch, dass wir solchen Gedanken Glauben schenken, fällt es uns oft schwer, eine Beziehung zu beenden, obwohl wir den Partner nicht mehr lieben und dieser uns vielleicht sogar gewaltig auf den Sack geht. Rosenkriege, Gerichtsverhandlungen und große Streitigkeiten sind dann oft die einzigen Alternativen, die uns einfallen, um mit dieser Situation umzugehen.

Wir haben nie gelernt zu akzeptieren, dass die Wahrheit nicht mit unserem Glauben übereinstimmt, da wir Angst vor den entsprechenden Konsequenzen haben, wie Rosenkriege und Ähnliches. Diese abartigen Umgangsweisen mit einer simplen Wahrheit führen zu überflüssigem Leid. Würden wir einfach ak-

zeptieren, dass eine Partnerschaft nicht für immer halten muss, wären wir in der Lage, die Endlichkeit einer Beziehung in diese zu integrieren und auch mit dem Partner darüber zu sprechen. Vergänglichkeit ist ein natürlicher Prozess des Lebens, und ihn in irgendeinem Bereich des Lebens ausklammern zu wollen, ist ein hirnrissiges Leugnen der Realität. Rosenkriege, Streits und andere überflüssige Leidenswege sind das Ergebnis dieser unwahren Gedanken.
Der Beginn ist genauso Bestandteil einer Beziehung wie ihr Ende. Es gibt auch keine Geburt ohne Tod. Ob wir das akzeptieren oder nicht, spielt dabei keine Rolle, außer für unsere eigene Befindlichkeit.

Ich werde nie mehr Fleisch essen!:
Diese Aussage ist eine Entscheidung, die dich sogar krank machen kann. Es gibt so etwas wie somatische Intelligenz, über die ich später in diesem Buch noch etwas ausführlicher sprechen werde. Es ist die Intelligenz deines Körpers, die viel mehr darüber weiß, was gut für dich ist und was nicht, als es dein Glaube oder andere Menschen jemals könnten. Du könntest in eine Situation gelangen, in der du Fleisch vor dir hast, was sehr wichtig für deinen Körper sein könnte, weil er zum Beispiel einen akuten, sehr großen Eisenmangel hat. Folgst du dem Impuls, das Fleisch zu essen, bekommt dein Körper genau das, was er braucht. Reagierst du jedoch nicht auf deine Wahrnehmung, sondern auf deinen Glauben, könnte das in dem Fall sogar zu Krankheit führen. Natürlich gibt es eisenhaltige Alternativen zum Fleisch, doch die müssen auch verfügbar sein und somit einen passenden Ersatz ermöglichen. Solltest du das Fleisch nun essen und trotzdem noch dem Gedanken glauben, dass du nie mehr Fleisch isst, kommt es zur Selbstverurteilung, Scham und Schuld.

Der Glaube entspricht nicht mehr der Realität, und die Diskrepanz ist schmerzhaft und löst unangenehme Gefühle aus, bis hin zu körperlichem Leiden, passend zum Thema vielleicht zu Dünnschiss.

Wie gesagt, ich nehme hier einfach nur einige Beispiele, in denen ich weder einem lange verheirateten Paar noch einem Vegetarier auf die Füße treten möchte.
Versuche hinter die Worte zu schauen und das Prinzip zu verstehen.

Das Gleiche gilt natürlich auch für die Systeme und Ansammlungen von Glaubenssätzen, die wir alle für sehr wichtig halten: Glaube, Ethik, Religionen, Gesetze, Moral, Wissenschaft, Medizin, Bildung. Man darf sich einfach mal vor Augen halten, dass jede Zeit, jede Kultur und jedes Land andere Vorstellungen davon hat, und ein jeder die seine für die einzig richtige und wahre hält.

Die Schulmedizin ist längst nicht mehr auf dem aktuellen Stand und betrachtet den Menschen nach wie vor als eine Maschine, bei der man einfach mal was nachkippen oder reparieren muss. Das heutige Bildungssystem entspricht nicht mehr den aktuellsten Ergebnissen der Hirnforschung, und es ist für mich weniger ein Wunder, dass es einige Kinder gibt, die in diesem System nicht mehr klarkommen. Vielmehr wundert es mich, dass es überhaupt noch Kinder gibt, die darin tatsächlich etwas lernen und mit dem System zurechtkommen. Wobei es auch hier natürlich einige sehr gute Lehrer gibt, die sich selbst mit der Hirnforschung und dem Menschen beschäftigt haben und anders lehren, als sie es im Studium gelernt haben.
Die Wissenschaft heißt Wissenschaft, weil sie Wissen schafft,

wo gar keins ist. Von Wahrscheinlichkeiten und Statistiken, die oft Grundlage wissenschaftlicher Studien sind, halte ich zum Beispiel absolut gar nichts! Wenn ein Ereignis eintritt, ist die Wahrscheinlichkeit 100 Prozent. Trifft es nicht ein, ist die Wahrscheinlichkeit null Prozent.
So einfach ist das!

Ich kenne Frauen, die nicht mehr schwanger werden konnten und es dennoch wurden. Ich kenne Menschen, die unheilbare Krankheiten HATTEN (die Betonung liegt auf HATTEN!). Ich habe schon so viele Ereignisse erlebt, die wir oft als Wunder bezeichnen, doch ein Wunder sind sie für uns nur, weil sie einfach nicht in die Schubladen unseres scheinbaren Wissens passen.

Im Übrigen liegt die Wahrscheinlichkeit, dass ich sterbe, mathematisch bei null Prozent und sie wird jeden Tag geringer! Das habe ich erforscht, indem ich die Tage, an denen ich gestorben bin, ins Verhältnis zu den Tagen gesetzt habe, an denen ich nicht gestorben bin. Mein Tod wird mathematisch betrachtet jeden Tag unwahrscheinlicher.
Wir versuchen, mit Wissenschaft etwas zu begreifen, was dem menschlichen Verstand wohl ewig verborgen bleiben wird, nämlich das Leben selbst. Schönen Gruß an Stephen Hawking, der wohl bis heute noch versucht, die Welt zu verstehen und im Übrigen laut Aussagen der Medizin längst nicht mehr leben sollte.

Was soziales Verhalten, Ethik und Moral angeht, möchte ich ein Beispiel aus einer wundervollen Dokumentation zum Thema »Schule« anbringen:
Im Film »Alphabet« hat man ein Experiment gezeigt, in dem ganz jungen Babys eine Art Theater vorgespielt wurde. Ein Männchen wollte einen Berg besteigen. Ein roter Bauklotz versuchte,

das Männchen daran zu hindern, und ein blauer versuchte, es zu unterstützen. Anschließend gab man den Kindern die Klötze zur Auswahl, und nahezu alle Kinder wählten das unterstützende Klötzchen, um damit zu spielen. Die Kinder zeigten also ein soziales Verhalten, ohne dass irgendwer es ihnen beigebracht hat. Sie sympathisierten mit dem unterstützenden Bauklötzchen. Dieses Experiment wiederholte man zu mehreren späteren Zeitpunkten, und je älter die Kinder wurden, desto mehr Kinder wählten das Klötzchen, welches das Männchen blockierte.
Die Kinder lernten schon im frühesten Entwicklungsstadium die Anpassung an eine Gesellschaft, in der es um Ellbogen, Durchsetzung und persönlichen Erfolg ging, und das eben von den Menschen, die versucht haben, dem Kind Ethik, Moral, Anstand usw. beizubringen. Sie wurden selbst oft von ihren Eltern gemaßregelt, zurechtgewiesen und unterdrückt. Diese Eltern lebten oft genug ein Verhalten vor, bei dem der persönliche Vorteil wichtiger ist als das gemeinsame Existieren und das sich gegenseitige Unterstützen.
Ist es das, was wir mit dem Lehren von Ethik und Moral weitergeben wollen?

Was ist mit Religion?

FRAGE DICH SELBST!

Sogenannte Religionen der Liebe haben Millionen Menschen auf dem Gewissen und unzählige Kriege ausgelöst. Noch heute gibt es viele Kriege auf der Welt, die nur dadurch entstehen, dass jemand seinen Glauben durchsetzen oder verteidigen will.

Aber zumindest Gesetze sind doch wichtig, oder?

FRAGE DICH SELBST!

Gesetze werden jedes Jahr mehr und mehr verschärft, die Maschen verengt, und doch steigt die Kriminalitätsrate jedes Jahr weiter an.
Wir überprüfen die Ergebnisse nicht, wir stellen Gedanken nicht in Frage, und auf Grundlage unseres Glaubens tun wir immer und immer wieder das Gleiche und wundern uns dann, dass die Ergebnisse sich nicht verändern. Selbst Erkenntnisse darüber, wie der Mensch und das menschliche Gehirn funktionieren, haben bisher an dieser Tatsache nichts verändert. Eltern erziehen ihre Kinder mit dem gleichen Gedankengut ihrer Eltern und wundern sich, dass die Kinder genauso sind, wie sie selbst es als Kinder waren.

Keine bestimmte Art zu leben ist dabei besser oder wahrer als die andere! Hinterfrage und beginne herauszufinden, was zum Teufel wirklich wahr ist!

All diese Systeme halten uns davon ab, auf unser Inneres zu hören und animieren uns dazu, den eigenen Verstand nicht zu benutzen, sondern einfach den Regeln zu folgen, die andere festgelegt haben. Wir folgen immer und immer wieder einem Glaubenssystem und antrainierten Gedanken und verlieren immer mehr den Blick für die Wirklichkeit.

Wenn ich glaube, ich müsste kacken, nur weil mir jemand gesagt hat, ich müsste, wird der Gang zur Toilette eine Qual! Wenn ich wirklich kacken muss, ist es egal, ob ich glaube, ich hätte keine Zeit und man tut das nicht an diesem Ort. Der Scheiß ist real und er wird seinen Weg nach draußen finden!
Wie dein Glaube dein Leben beeinflusst, werden wir uns in den

nächsten Kapiteln nochmal etwas detaillierter anhand von Erfolg, Gesundheit und Beziehungen ansehen.

Für den Moment möchte ich, dass du dir Folgendes einprägst:

Geh kacken, wenn du wirklich musst, und nicht, wenn du glaubst, du müsstest!

(Bei diesem Satz waren sich übrigens sämtliche Lektoren, inklusive mir, unsicher mit der Zeichensetzung, da keiner von uns diesen Satz bisher gehört oder gesehen hat.)

5 SCHEISS AUF ERFOLG

Möchtest du in deinem Leben erfolgreich sein?
Oder bist du schon ein bisschen erfolgreich und möchtest doch noch etwas erfolgreicher sein?
Hoffst du im Erfolg endlich deinen Frieden zu finden?
Was ist überhaupt Erfolg für dich?

FRAGE DICH SELBST!

Der Begriff von Erfolg ist eine mental geprägte Vorstellung und hat nichts damit zu tun, was wir wirklich wollen, wenn wir von Erfolg sprechen. Ich habe für Erfolg hauptsächlich drei Kategorien gefunden, die mir auf Vorträgen und Seminaren immer wieder genannt werden, wenn ich danach frage, was Erfolg bedeutet.

Kategorie 1: Ich bin erfolgreich, wenn ich dieses oder jenes habe!

Kategorie 2: Ich bin erfolgreich, wenn andere dieses oder jenes über mich denken!

Kategorie 3: Ich bin erfolgreich, wenn ich dieses oder jenes getan habe!

Es scheint dabei also um nichts Wirkliches oder Definitives zu gehen, sondern eher um einen Gedanken, den man irgendwo aufgeschnappt hat.

Es geht also wieder um **Glaubenssätze** (Part 3):

- Ich bin erfolgreich, wenn ich dieses oder jenes habe!
- Ich bin erfolgreich, wenn andere dieses oder jenes über mich denken!
- Ich bin erfolgreich, wenn ich dieses oder jenes getan habe!

Ich bin erfolgreich, wenn ich dieses oder jenes habe!
So nennt mir der eine 2000 Euro, der Nächste 5000 Euro im Monat als Erfolg. Der Nächste sagt, wie man es so schön aus der Werbung kennt: »Mein Haus, mein Auto, mein Boot!« Ein anderer hält seine Partnerschaft, seine Kinder, seine Ausbildung oder sein Wissen, welches durch seine Worte zum Ausdruck gebracht wird, für Erfolg. Denn auch das sind für unseren Verstand Dinge, die wir besitzen.
Ich muss also dieses oder jenes haben, dann bin ich erfolgreich.

Ich bin erfolgreich, wenn andere dieses oder jenes über mich denken!
Es ist das Bild, welches entweder die Eltern, der Chef, der Partner, die Kinder oder sonst wer von mir haben soll, damit ich erfolgreich bin. Ich werde z. B. nett, hilfsbereit, angepasst, freundlich oder sonst was vermeintlich Wohlriechendes. Ich versuche also, etwas zu sein, von dem ich glaube, dass es das ist, was andere in mir sehen wollen.

Ich bin erfolgreich, wenn ich dieses oder jenes getan habe.
Der eine ist erfolgreich, wenn er einem Obdachlosen auf der

Straße helfen kann, der Nächste, wenn er dem Partner einen Orgasmus verschafft. Halt! Nein! Es muss schon ein multipler Orgasmus sein! Wieder ein anderer muss dafür 100 kg auf der Flachbank drücken können. Ich versuche also, das Verhalten zu zeigen, von dem ich mir Anerkennung verspreche, selbst wenn es nur meine eigene ist.

Die meisten sind sich jedoch darin einig, dass sie noch nicht erfolgreich sind, es aber mit dem Erreichen eines Zieles werden. Am geeignetsten scheinen dabei Ziele zu sein, die man nie oder nur mit Glück, Zufall oder kosmischer Einmischung erreichen kann. Gott, Engel und Einhörner werden zum Erreichen des Ziels natürlich auch nicht zurückgewiesen. Uns ist jedes Mittel recht, um endlich anzukommen, ohne dass wir überhaupt wissen, wo.

Ist es nicht interessant, dass so gut wie niemand sich für erfolgreich hält und sich vom Erreichen eines Zieles Erfolg verspricht?

Nun, ein Esel läuft auch gerne einer Karotte, die an einem Stock befestigt vor ihm hängt, hinterher und wirkt dabei vielleicht sogar zufrieden. Doch die Karotte wird immer vor ihm hängen, so, wie die meisten Definitionen von Erfolg ebenfalls in der Zukunft liegen und unerreichbar scheinen. Aber vielleicht haben wir das Verhalten ja auch von dem Esel hier übernommen. Sogar das mit den Engeln und Einhörnern könnte von ihm stammen, wenn die Wünsche beim Universum und die Affirmationen nicht mehr ausreichen.
Das Bild eines Esels, der sich beim Universum eine Karotte wünscht, die vor seiner Nase hängt, ist im Übrigen eine schöne Verbildlichung des derzeitigen menschlichen Lebens. Wie dem auch sei. Ich stelle immer gerne die Begriffe von Erfolg in Frage

und möchte hier mal einige Beispiele von Gesprächen zitieren, die ich in meiner Arbeit führen durfte:

Glaubenssätze auf dem Prüfstand (Part 4):

- Erfolg bedeutet viel Geld!
- Erfolg bedeutet, dass meine Eltern stolz auf mich sind!
- Erfolg bedeutet, endlich das tun zu können, was mir Spaß macht!

Erfolg bedeutet viel Geld!
Wäre es okay für dich, dein Augenlicht, deine Familie oder deine Arme zu verkaufen, um viel Geld zu besitzen? Wärst du dann wirklich erfolgreich, wenn du deine Gesundheit und geliebte Menschen für viel Geld eintauschen würdest?
»Natürlich nicht, das müsste schon alles so bleiben!«

Erfolg bedeutet, dass meine Eltern stolz auf mich sind!
Also würdest du dich als erfolgreich bezeichnen, wenn du das Unternehmen deines Vaters übernimmst, absolut unglücklich bist, krank wirst und die Zähne zusammenbeißend deinen Vater auf Kosten deines Glücks und deiner Gesundheit stolz machen würdest?
»Nein, das andere müsste schon alles mit dazugehören!«

Erfolg bedeutet, endlich das tun zu können, was mir Spaß macht!
Was würde dir denn Spaß machen?
»Ich würde gerne singen!«
Wieso tust du es dann nicht?
»Weil ich damit kein Geld verdienen würde und gar nicht wüsste, wie ich mein Leben bestreiten sollte!«

Aber es würde dir Spaß machen?
»Ja!«
Also bedeutet Erfolg für dich, etwas zu tun, was dir Spaß macht, du aber nicht davon leben kannst?
»Nein, es müsste alles zusammen sein: Geld, Spaß am Tun, Gesundheit, Glück ...«
Kennst du einen erfolgreichen Menschen, der in deine Definition passt, der alle Kriterien erfüllt?
(Teilnehmer überlegt einige Minuten, möchte des Öfteren jemanden nennen, hält kurz inne und überlegt.)
»Nein, ich kenne niemanden.«

Es scheint also eine knifflige Angelegenheit mit dem Erfolg zu sein. Es ist offenbar immer noch ein bisschen mehr möglich, und es scheint immer etwas zu geben, was fehlt, ganz unabhängig davon, dass es immer in der Zukunft liegt.

Auf die Frage »Wann bist du erfolgreich?« hat mir bisher eine Anzahl von grob über den Daumen gepeilt null Teilnehmern geantwortet: »Jetzt im Moment!« Erfolgreich zu sein ist wohl etwas Flüchtiges. Man war es vielleicht mal ganz kurz und hofft es wieder zu sein. Oder es ist eher so etwas wie eine Fata Morgana. Es löst sich immer wieder auf und ist weg, wenn man bei ihr ist. Erfolg ist ein Phänomen!

Und jetzt setzt du dich am besten mal hin, falls du im Stehen lesen solltest oder kneifst ab, wenn du gerade auf der Schüssel sitzt. Alles ausblenden. Nur hier sein.
ACHTUNG! *Trommelwirbel* *die Vögelchen hören auf zu singen* *die Luft knistert* *der Atem stockt* *das Handy klingelt* *wir lassen es klingeln*

Ich weiß definitiv, dass du sehr erfolgreich bist, ohne dich zu kennen.
Erfolg ist nämlich das, was auf dein Handeln folgt.

Lass dir das mal auf der Zunge zergehen.
Es ist einfach nur die Konsequenz deiner Handlung. Das Ergebnis. Mehr ist das nicht! Und das absolut Coolste daran ist, dass es der Konsequenz scheißegal ist, ob sie dir gefällt oder nicht! Selbst die, die behaupten, keinen Erfolg haben zu wollen, sind erfolgreich. Jeder ist es, ob er will oder nicht.
Wir können gar nicht nicht erfolgreich sein.

Willst du jetzt immer noch dem verzerrten Traum vom Erfolg hinterherhecheln?

FRAGE DICH SELBST!

Da fällt mir gerade etwas ein. Weißt du, wer auch sehr, sehr, sehr erfolgreich ist? Klar, nach dem letzten Abschnitt könnte dir bewusst sein, dass es eben jeder ist. Lass es mich dennoch anhand eines sehr klaren Beispiels noch einmal verdeutlichen.

Die Sonne ist erfolgreich!

Sie tut im Grunde nichts. Sie ist einfach nur das, was sie ist, und das macht sie sehr gut. Ohne ihre bloße Existenz würde niemand von uns hier existieren. Sie tut nichts weiter, als sich selbst zum Ausdruck zu bringen. Sie kann einfach nicht anders. Genauso wie du! Doch das ist natürlich gar nicht das, was du willst. Dir geht es in Wahrheit gar nicht um Erfolg. Du weißt es nur nicht und rennst wie ein Lemming der Fata Morgana namens »Erfolg« und dem ganzen Blödsinn, den man damit assoziiert, hinterher.

Das gilt im Übrigen auch für Begriffe wie Liebe, Erleuchtung, Glück und vieles andere. Ich habe hier Erfolg als ein Beispiel gewählt, weil es etwas leichter zu verdauen ist, doch im Grunde sind es immer wieder einfach nur Begriffe, mit denen wir etwas assoziieren, ohne uns wirklich bewusst zu sein, was wir wollen. Jeder definiert Liebe, Glück, Erfolg, Erleuchtung und all die anderen großen Worte ganz anders, als es vielleicht ein anderer tut. Im Kern geht es aber immer um das Gleiche:

Das, was du willst, ist Zufriedenheit! Punkt! Ausrufezeichen! Ende! Over and out! ZUFRIEDENHEIT ist dein Ziel und nicht ERFOLG!

ÜBERPRÜFE, OB DAS STIMMEN KÖNNTE! KANNST DU DAS FÜR DICH ERKENNEN?

Zufriedenheit und alles, was man damit verbindet:
Ankommen, es geschafft haben, glücklich sein, Ruhe im Karton, Erleichterung, Freude, Wohlbehagen, Fröhlichkeit, Genuss usw. …
Also die pure Lust am Leben.
Und Zufriedenheit erreichst du nur durch Befriedigung!
Sozusagen SELBSTBEFRIEDIGUNG! Ja! Etwas ganz Egoistisches.
Und das müssen wir erstmal klar kriegen. Wir verwechseln da was! Erfolg ist etwas Unausweichliches, und wir sind ununterbrochen erfolgreich, doch es ist überhaupt nicht das, was wir wollen.

Nochmal! Wir wollen Zufriedenheit, und Zufriedenheit ist ein Zustand! So wie nach dem Kacken. Das hört sich jetzt erstmal nicht so spektakulär an, und doch könnte es dein Leben revolutionieren, wenn du das verstehst und somit wieder Klarheit in deinem Kopf bekommst.

Jede der weiter oben stehenden Definitionen über Erfolg dient lediglich dazu, dass du ein Jucken in der Kimme wegkratzen kannst, was dich in den Wahnsinn treibt, aber durch diese Herangehensweise offensichtlich nicht weggeht und dich somit in der Unzufriedenheit gefangen hält.

Wenn du dich arm fühlst, willst du reich sein, wenn du krank bist, willst du gesund sein, und wenn dein Vater dich nicht respektiert, willst du seine Anerkennung. Du willst stets einen Mangel beseitigen, der überhaupt erst durch die oben genannten mentalen Gebilde um den Begriff von Erfolg entstanden ist. Das, was wir unter Erfolg verstehen, ist so, als wenn man uns erzählen würde, dass wir erfolgreich wären, wenn wir kacken gingen, obwohl wir gar nicht kacken müssten. Wir schaffen also in uns eine Illusion (einen Glauben) darüber, wie wir erfolgreich sind, indem wir dem Gegenüber glauben, dass kacken uns Befriedigung verschafft, auch wenn wir gerade nicht müssen. Und diese sinnfreien Illusionen (Glauben) sitzen ganz tief in unseren mental konditionierten Strukturen. Also ganz tief in unserem Oberstübchen.

Stell dir jetzt einmal vor, wie du auf der Schüssel sitzt und verkrampft versuchst, etwas herauszudrücken, was gar nicht rauswill. Du sitzt schwitzend und leidend auf der Schüssel und kommst einfach nicht zur gewünschten Befriedigung. Vielleicht kaufst du dir auch ein Selbsthilfebuch zum Thema: »Wie man richtig kackt.«

(Das könnte auch ein Grund sein, wieso du dieses Buch in Händen hältst.)

Wenn du das jetzt über Jahre hinweg machst, diesem Glauben weiter folgst und dir immer mehr Mühe gibst, wird es eines Tages sehr schmerzhaft, sich einzugestehen, dass es so nicht funktioniert. Und mit jedem Tag, dem du dieser Fata Morgana folgst, wird es schmerzhafter.
Du musst dann nämlich nicht nur deinen Glauben, sondern auch all deine Bemühungen, deine investierte Zeit und dein investiertes Geld loslassen, um dir eingestehen zu können, dass es auf diese Art und Weise nicht funktioniert. Kurzum, du musst dich selbst in Frage stellen und damit deine Art zu leben sowie die Gedanken, welche du bisher für richtig erachtet hast, weil sie einfach nicht der Wahrheit entsprechen. Und das wird sehr schmerzhaft werden, weil du merken wirst, dass es kein anderer war, der dich verarscht hat, sondern nur du selbst.

Noch mal: Das, was du dir vom Beseitigen des Mangels versprichst, ist ein Wohlgefühl. Es ist das »Abwesend-Sein« des Bedürfnisses, des Druckes, des Dranges und somit der Zustand von Zufriedenheit.
Und wie bekommst du Zufriedenheit? Indem du dich BEFRIEDIGST! NOCH MAL AUSRUFEZEICHEN, PUNKT, ENDE!

Solltest du wirklich Druck auf deinem Darm verspüren, kann dir Kacken durchaus Erleichterung verschaffen. Wenn du grade musst, doch nicht, weil Kacken erleichternd ist, sondern weil es der natürliche Lauf der Dinge ist, eine in dir angestaute Energie zum Ausdruck zu bringen. (Ich weiß, wie zweideutig das Wort »Ausdruck« an der Stelle wirkt.)

Bist du erfolgreich, wenn das Häufchen gut duftet?
Bist du erfolgreich, wenn du eine besonders schöne Form in der Schüssel findest?
Bist du erfolgreich, wenn dein Partner das Häufchen schön findet?
Das wären dann die entsprechenden mentalen Gebilde darüber, was Erfolg ist. All das ist dir in dem Moment im wahrsten Sinne des Wortes scheißegal! Du willst den Druck loswerden und fühlst dich befriedigt, wenn das Ding endlich in der Schüssel schwimmt. Die Form ist einfach nicht entscheidend! Das, was dich befriedigt, ist der passende Ausdruck der in dir angestauten Energie.

Der Sonne ist es völlig egal, ob wir uns an ihr erfreuen, sie mögen, sie für ihren Dienst bezahlen oder sonst was. Sie bringt sich selbst zum Ausdruck, weil das einfach das ist, wofür sie da ist, und egal, was du der Sonne bietest, was du ihr erzählst oder was du ihr versprichst, sie wird genau das tun, was sie tut. Denn im Gegensatz zu uns ist die Sonne nicht in der Lage, eine sinnfreie Lüge zu glauben. Sie kann gar nicht anders, als die in ihr angezeigte Energie ohne Blockade, in Form von Angst oder unwahren Gedanken nach außen zu bringen.

Das kannst du auch, indem du deinen Gefühlen wieder einen natürlichen Ausdruck gibst, deinen Impulsen folgst, auf deinen Körper achtest und deine ganzen Glaubenssätze in Frage stellst. Darauf werde ich in den nächsten Kapiteln genauer eingehen, doch für den Moment möchte ich, dass du dir das wirklich einprägst!

Du willst keinen Erfolg! Erfolg hast du ständig.

Du willst ein befriedigtes und zufriedenes Leben! Einen Zustand!
Und jetzt sieh zu, dass du lernst, dich so auszudrücken, dass es für dich befriedigend wird! Immer und überall!
Und das meine ich ernst. Immer und überall.
Es reicht nicht, sich das Ganze nur mental durchzuspielen oder die Begriffe im Kopf einfach auszutauschen. Damit bescheißt du dich nur selbst. Es bedeutet ein völlig neues Sein und damit eine neue Art zu leben.

Und jetzt kommt das Wichtigste!
Höre auf, dem Erfolg nachzujagen, indem du etwas nachmachst oder auf etwas wartest.
Fange an, etwas zu finden!
Fange an, dich zu finden!
Finde heraus, wie DU etwas ausdrückst.
Wenn ich das DU hier so groß schreibe, meine ich damit wirklich DICH! Das heißt, dass DU aufhören sollst, irgendetwas oder irgendjemanden nachzuäffen, indem auch du versuchst, etwas zu haben, etwas darzustellen oder etwas zu tun, nur weil du glaubst, es würde dich zum Erfolg führen!

Es gibt Milliarden Menschen auf dieser Kugel, und keiner kackt wie der andere. Dennoch haben wir alle mehr oder weniger das gleiche übers Kacken gelernt und versuchen ständig, den goldenen Regeln übers Kacken zu folgen. Ethik, Moral, Wissenschaft, Medizin, Bildungssystem, Gesetze, Kultur … Alle wollen uns erzählen, wie man zu kacken hat, und sie hängen uns Karotten wie Erfolg, Liebe, Glück oder Erleuchtung vor die Nase, damit wir auch brav den Regeln folgen!
Ja, wir kacken alle, aber jeder kackt nun mal unterschiedlich. Es gibt jeden Menschen nur ein einziges Mal. Wir sind Individuen!

Selbst eineiige Zwillinge unterscheiden sich. Und genauso einzigartig, wie wir sind, will auch jedes angezeigte Gefühl in uns einzigartig ausgedrückt werden.
Finde deine eigenen Worte.
Finde deine eigene Art zu artikulieren.
Finde dich! Schau ganz genau hin, was in dir los ist.
Lerne dich wieder zu spüren und zu fühlen. Nimm es wahr und finde heraus, wie DU das, was gerade in DIR ist, ausdrücken kannst.

Wenn du Schwierigkeiten hast, dich zu fühlen oder wahrzunehmen, was in dir los ist, kann es sehr hilfreich sein, Übungen oder Seminare zur Selbstwahrnehmung zu besuchen. Sich selbst wahrzunehmen ist natürlich eine Grundvoraussetzung, und da kann so was schon sehr hilfreich sein.
Doch Achtung! Lass dir auch dort nicht erzählen, was du mit dem, was du da in dir wahrnimmst, machen sollst. Und wenn es Ratschläge sind, dann nehme sie auch nur als solche an, sonst läufst du in die gleiche Falle wie vorher. Es wird unbefriedigend …

Geh kacken, wenn du musst und scheiß auf den Rest!
Sorge für Befriedigung in deinem Leben! Drücke dich aus!

Das ist es, was dir die gewünschte Erleichterung verschafft und dich den Frieden finden lässt, den du dein ganzes Leben lang suchst.

6 DARMVERSCHLUSS KANN TÖDLICH SEIN.

Einen Glauben der Wahrnehmung vorzuziehen und nicht das auszudrücken, was in einem ist, kann sehr unangenehme Folgen haben! In diesem Kapitel möchte ich darüber sprechen, was Krankheit und Gesundheit überhaupt sind, und was Kacken mit unserer Gesundheit zu tun hat.

Hast du schon mal die Erfahrung gemacht, dass du auf Toilette musstest, aber gerade keine Möglichkeit dazu hattest, dein Geschäft ordnungsgemäß zu verrichten? Warst du schon mal in einer Situation, in der du einhalten musstest? Kannst du dich auch noch daran erinnern, wie sich das für dich körperlich angefühlt hat?

Mir ist das schon öfter passiert und mit Vorliebe, während ich im Stau stehe! Ich beginne langsam, in Stress zu geraten, mein Körper verspannt sich, mein Darm oder meine Blase beginnen zu schmerzen.
Es sind tatsächlich körperliche Schmerzen, Stress und eine große Belastung für meinen Körper. Wenn ich es dann endlich zu einer Toilette oder an den Straßenrand geschafft habe und ich mich von meinem Druck befreit habe, lässt die Anspannung nach und der Stress fällt von mir ab. Doch das bleibt nicht immer ohne Folgen.
Manchmal spüre ich auch, nachdem ich mein Geschäft verrichtet habe, dass das Verkrampfen zu Nackenschmerzen, Kopf-

schmerzen und Verspannungen im gesamten Körper geführt hat.

Ein zu spätes Kacken hat also Folgen für meine Gesundheit, und wenn man gar nicht mehr kacken kann, nennt man das einen Darmverschluss. Hier gelangen wir dann sogar schon in eine Region, in der es tödlich enden kann, eine aufgestaute Energie nicht auszudrücken.
Genauso ist es mit allen anderen Energien in unserem Körper. Richten wir sie nicht nach außen, indem wir sie ausdrücken, richten wir sie gegen uns. Nicht bzw. nicht befriedigend ausgedrückte Gefühle sind unterdrückte Energien in unserem Körper, die uns krank machen.

Doch was ist Krankheit überhaupt?

FRAGE DICH SELBST!

Nehmen wir mal Fieber als Beispiel. Ist Fieber eine Krankheit? Der Körper erhöht die Temperatur um einige Grad, um Schädlinge im Körper abzutöten. Ist das ein Zeichen von Krankheit oder ist es vielleicht eher ein Zeichen von Gesundheit?
Krankheiten werden von uns in der Regel als etwas Unangenehmes und Ungewolltes empfunden, und wir versuchen, sie zu heilen. Im obigen Beispiel bedeutet das nicht selten, dass wir fiebersenkende Medikamente nehmen. So können wir weiter arbeiten, unseren Pflichten nachkommen, müssen uns nicht im Bett langweilen und die unangenehmen Wirkungen des Fiebers ertragen. Doch das hat in meinen Augen weniger mit Gesundheit zu tun als das Fieber.
Wir halten den Körper davon ab, schädliche Eindringlinge zu

zerstören, und nehmen ihm die Pause, die er uns zwangsweise verordnet hat, weil wir sie uns nicht gönnen.

Was ist denn nun die Krankheit?
Ist es das Fieber oder unsere Art, damit umzugehen?
Wo beginnt Krankheit überhaupt?

FRAGE DICH SELBST!

Oftmals ist es doch so, dass wir erst dann auf die Symptome unseres Körpers reagieren, wenn sie uns in unserem Handeln einschränken. Wir sind krank, wenn wir nicht mehr arbeiten und unseren täglichen Pflichten nicht mehr nachkommen können. Aufgrund dieser Prioritätensetzung wird leider oft behandelt.

In der klassischen Schulmedizin wurde der Körper lange Zeit als eine Maschine gesehen. Wenn etwas kaputt ist, wird es repariert, oder der nötige Schmierstoff wird hinzugefügt, damit das Teil wieder läuft. Dabei ist das primäre Ziel oft nicht die tatsächliche Gesundheit, sondern die Arbeitsfähigkeit schnellstmöglich wiederherzustellen.
Besonders bedenklich finde ich dabei Medikamente, die das Symptom einfach unterdrücken. Ich empfehle dir nicht, Schmerzen zu ertragen oder vor dich hin zu leiden, denn Medikamente können wunderbar unterstützend eingesetzt werden.

Stell dir mal vor, in deinem Auto würde ein Warnlämpchen leuchten.
Wem wäre damit geholfen, wenn du ein Pflaster über das Lämpchen klebst oder das Lämpchen vom Strom trennst? Genau das passiert, wenn ich ein Symptom einfach unterdrücke.

Den Wagen fahre ich natürlich in die Werkstatt, um herauszufinden, was die Ursache des leuchtenden Lämpchens ist. Hier wird dann das gesamte Auto betrachtet und sogar mit einbezogen, wie das Auto gefahren wird.
»Fahren Sie oft Kurzstrecken?«, fragt der Mechaniker zum Beispiel, wenn der Benzinverbrauch zu hoch ist. Hier wird so viel bedacht, angefangen von der Fahrweise, über den allgemeinen Zustand des Autos bis hin zu komplexen Zusammenhängen einzelner Fahrzeugteile. Unser Auto bekommt so viel Aufmerksamkeit, und unser Körper zeigt ein blinkendes Warnlämpchen in Form von Schmerz, und wir nehmen ein Pflaster in Form einer Schmerztablette und kleben es einfach drauf, ohne uns mit der Ursache zu beschäftigen.

Um noch kurz bei dem Bild des Autos zu bleiben, stelle ich mal folgende Fragen:
Wie viel Geld investierst du in dein Auto? Wie viel in deinen Körper? Wie oft bekommt dein Auto eine Inspektion, wie oft wird der Reifendruck, das Öl oder der Wasserstand überprüft? Wie oft gehst du zu einer Vorsorgeuntersuchung oder nimmst Kontakt zu deinem Körper auf, um dessen Zustand zu prüfen? Wie teuer sind die Pflegeprodukte für dein Auto und wie teuer sind die für deinen Körper? Ist dir ein gutes Badesalz oder eine hochwertige Pflegecreme nicht so wichtig wie ein Felgenreiniger oder eine Hochglanzpolitur?

Ich will dir nichts unterstellen, sondern nur einige Fragen zum Überdenken anbieten. Viele Menschen haben sich in den letzten Jahren alternativen Heilmethoden zugewandt, in denen Krankheiten ganzheitlicher betrachtet werden, und so sind Ernährungsberater, Psychotherapeuten, Geistheiler, Heilpraktiker, Yoga-Lehrer, Schamanen und viele andere alternative Ansätze immer moderner und alltäglicher geworden. Wir haben langsam gemerkt, dass die Schulmedizin an vielen Stellen nicht weiterkommt und viele Symptome immer wiederkommen.

Mittlerweile ziehen auch diese hier etwas nach, und so ist der Begriff der Psychosomatik auch bei ihnen nicht mehr wegzudenken.
Die Psychosomatik betrachtet die Zusammenhänge zwischen körperlichen Beschwerden und dem Zustand der Psyche. Hierbei wird endlich darauf geachtet, wie es dem Patienten geht, wie seine Lebensumstände aussehen, wie er sich fühlt und in welchem Zusammenhang das mit den körperlichen Symptomen steht. In dem Zusammenhang ist der Begriff »Stress« mittlerweile kein Fremdwort mehr und wird im Zusammenhang mit Krankheiten mittlerweile auch von Schulmedizinern mit einbezogen.

Stress ist der größte Einflussfaktor auf unsere Gesundheit. Doch auch hier gehen die meisten wieder so an die Sache heran, dass sie ihn beseitigen wollen. Daher sind Yoga, Wellness, Entspannung, Meditation und all das Zeug, welches den Stresslevel senkt, so beliebt. Auch hier ist absolut nichts Falsches dran und nichts dran auszusetzen, wenn dir danach ist. Das sind wunderbare Alternativen und Methoden, die uns sehr guttun und die der Körper sich wünscht und braucht, doch sie helfen uns nicht in der Situation, in der Stress entsteht. Somit haben wir wieder eine Symptombehebung, ohne uns der tatsächlichen Ursache zu stellen.
Und was könnte an der Stelle von mir wohl anderes kommen als die Behauptung, dass Stress immer dann entsteht, wenn du kacken musst, es aber nicht tust.

Und wieso kackst du nicht, obwohl du musst?
Weil du Angst vor den Konsequenzen hast, die das Kacken mit sich bringt.
Die Ursachen für Stress kann man in physische und psychische unterscheiden. Physischer Stress entsteht durch das Ignorieren körperlicher Bedürfnisse und psychischer Stress durch das Ignorieren psychischer Bedürfnisse.

So entsteht physischer Stress zum Beispiel:

- wenn wir müde sind und uns nicht ausruhen
  (Wir haben noch so viel zu tun und haben Angst zu versagen oder nicht genug zu schaffen.)
- wenn wir Hunger haben und nichts essen
  (Wir wollen abnehmen und haben Angst, dass wir mit unserem Übergewicht nicht geliebt werden, oder haben einfach gerade keine Zeit, eben weil wir schon Stress haben.)
- wenn wir voller Energie sind und uns nicht bewegen
  (Wir wollen still sitzen und haben keine Zeit für Sport, denn wir haben Angst, mit unserem Zappeln unangenehm aufzufallen und durch den Sport unser Tagespensum nicht zu erfüllen.)
- wenn wir kacken müssen und es nicht tun!
  (Das muss nicht nochmal gesondert erklärt werden.)

Psychischer Stress entsteht zum Beispiel:

- wenn wir traurig sind und so tun, als ginge es uns gut
  (Wir wollen stark sein und fröhliche Menschen darstellen. Wir haben Angst, unsere Schwäche und somit unsere Verletzlichkeit zu zeigen, denn wir wollen weder unser Gesicht noch den scheinbaren Respekt von anderen verlieren.)
- wenn uns etwas nicht passt und wir es trotzdem so hinnehmen (Wir wollen die Harmonie wahren und unser Gegenüber

nicht verletzen, denn wir haben Angst, ihn, seine Liebe und seine Aufmerksamkeit zu verlieren.)

- wenn wir Widerstand gegen die Realität leisten und denken, es sollte anders sein, als es ist
  (Wir wollen, dass die Dinge so laufen, wie wir es gelernt haben. Wir haben Angst, unsere Vorstellung davon aufzugeben und in Frage zu stellen.)

Wenn du meine Beispiele mal auf deren gemeinsamen Nenner herunterbrechen willst, kommst du vielleicht zu dem Ergebnis, dass wir etwas nicht tun, was wir natürlicherweise tun würden. Vielleicht hast du sogar den Grund dafür herausgelesen.
Wir haben Angst vor den Konsequenzen!

Vielleicht glaubst du, du hättest Stress wegen deiner Kinder, deiner Arbeit, deines Partners oder deiner Eltern. Schon in dem Satz »Ich stehe unter Stress« klingt es fast so, als wäre es etwas von außen auf uns Einwirkendes, doch das ist es nicht.

Hierzu ein paar Beispiele:

»Ich stehe unter Stress, weil ich pünktlich sein will!«
Wieso willst du denn pünktlich sein? Was passiert, wenn du es nicht bist?
»Ich komme zu spät!«
Was bedeutet das für dich?
»Es bedeutet, dass ich etwas falsch gemacht habe und die anderen schlecht über mich denken!«
Ist das die Wahrheit, dass die anderen schlecht über dich denken?
Was passiert, wenn sie schlecht über dich denken?
Hast du wirklich Einfluss darauf, wie sie über dich denken?

STELLE DIR DIESE FRAGEN, FALLS DU DICH DARIN WIEDERFINDEST!

Dahinter stecken einige Glaubensmuster:
»Man muss pünktlich sein!« oder
»Wer zu spät kommt, den bestraft das Leben!«

Wir haben in dem Fall Angst vor einer erdachten Konsequenz, vor einer Fantasie. Lustig finde ich, dass ich dieses Beispiel gewählt und niedergeschrieben habe, kurz bevor ich zu einem Termin musste. Ich war zu spät, hatte aber noch das Bedürfnis, ein paar Zeilen aufs Papier zu bringen. Beim Schreiben merkte ich, dass ich bereits »zu spät« war, schrieb den Satz zu Ende, machte mir eine Zigarette an und gönnte mir fünf Minuten Pause, bevor ich ins Auto stieg, um loszufahren.

Als ich auf die Autobahn auffuhr, stand ich sofort im Stau, konnte jedoch sehen, dass der Verkehr einige Meter weiter vorne bereits wieder floss. Ich reihte mich in die Schlange ein und fuhr einige Meter später an qualmenden Trümmerteilen von Autos links und rechts neben und auf der Fahrbahn vorbei. Es war weder Polizei noch Krankenwagen vor Ort, und ich stellte später fest, dass ca. zehn Minuten, bevor ich an den Wrackteilen vorbeifuhr, ein heftiger Unfall stattgefunden hatte und wenige Minuten später die gesamte Autobahn gesperrt war.
Meine Gelassenheit hat in dem Moment dafür gesorgt, dass ich nicht Teil dieses Unfalls geworden bin, und mein Streben nach Einhaltung von Terminen dafür, dass ich nicht später auf der Autobahn stand und gar nicht mehr vorwärtskam. Ich muss nicht pünktlich sein, wenn ich es nicht bin, was nicht heißt, dass ich es nicht versuche, doch eben nicht aus Angst und auf Kosten meiner Gesundheit.

»Ich stehe unter Stress, weil ich so viel zu tun habe!«

Du glaubst gar nicht, wie viel es auf diesem Planeten zu tun gibt, und ich habe selbst sieben Jahre lang in einer Firma gearbeitet, in der du niemals nicht zu viel zu tun hattest. Früher gab es oft Tage, an denen ich der Meinung war, ich müsste das schaffen, und das löste eine Menge Stress in mir aus. Ich hatte Angst zu versagen, Angst, nicht alles fertig zu bekommen, Angst vor Kritik des Vorgesetzten und Angst vor dem Hohn und Spott meiner Kollegen.
Lustigerweise war ich zu der Zeit alle vier Wochen mit Grippe krank zu Hause und stellte immer wieder fest, dass ich offenbar nicht alles schaffen muss, denn ich schaffte es nicht und lebte weiter. Ich behielt sogar meinen Job, wurde von meinem Chef für gute Arbeit gelobt und kam gut bei Kunden und Kollegen an, und das, obwohl ich nie alles geschafft habe.
Es war die Angst vor Ablehnung, Angst vor Kritik, Angst vor Trauer, Scham und Hilflosigkeit, die mich diesen Kampf führen ließ.
Also letztlich wieder Angst aus mentalen Vorstellungen, die Stress in mir auslösten. Im Kern sprechen wir immer von einer Form von Verlust von Aufmerksamkeit, welche sich in verschiedenen Varianten zeigen kann.

Als ich begann, meine Überforderung auszudrücken, Pausen zu machen und die Gefühle rauszulassen, die das in mir auslösten, war es vorbei mit dem Stress. Ich riskierte dabei natürlich, dass meine Ängste eintreten könnten. Ich riskierte Kritik, Hohn, Scham und all den Mist, den ich mir vorgestellt hatte, doch nichts davon ist eingetreten. Das Einzige, was dann passierte, war, dass ich weniger krank wurde und mit weniger Stress sogar mehr Arbeit schaffte. Das muss natürlich nicht immer so sein.

Es kann tatsächlich passieren, dass das Gefürchtete eintritt. Doch ich habe festgestellt, dass die Kritik des Chefs weniger wehtut, als mich jeden Tag innerlich selbst zu kritisieren und aus Angst vor der Kritik unter Stress zu stehen. Das, wovor wir Angst haben, ist nämlich aus meiner Erfahrung heraus niemals so schmerzhaft wie die Vorstellungen und Ängste, die wir davor haben.

Stress entsteht also durch Vorstellungen und ist immer selbst gemacht.

Es ist immer die Angst vor Konsequenzen, die uns davon abhält, unsere Energien auszudrücken. Es ist doch nur logisch, wenn in mir ein Druck entsteht und ich kacken muss, dass es schmerzhaft, unangenehm und krank ist, das nicht auszudrücken.
Bei dieser Angst handelt es sich immer um die Ursache für den sogenannten »**Distress**«, der auch als »negativer Stress« bezeichnet und von der Schulmedizin als Krankheitsursache angesehen wird. Im Gegensatz dazu steht der sogenannte »**Eustress**«, der »positive Stress«. Dieser wirkt auf den Körper anregend und aktivierend. Der Unterschied liegt darin, dass wir bei »Distress« eine innerliche Leugnung vollziehen und voller Angst sind. Bei »Eustress« tun wir etwas, das mit dem Inneren synchron läuft, und wir verspüren eher so etwas wie Nervenkitzel, Spannung und Aufregung.
So kann eine Achterbahnfahrt bei dem einen zu einem aufregenden Nervenkitzel werden, bei dem jede Menge »Eustress« ausgeschüttet wird. Ein anderer kann furchtbare Angst vor der Achterbahn haben, sich zwingen mitzufahren und dabei jede Menge »Distress« ausschütten. Der Unterschied liegt nicht in der Situation, sondern in der persönlichen Bewertung der Situation.

»Distress« macht uns krank und dieser entsteht, weil wir etwas nicht tun, was wir natürlicherweise tun würden, da wir Angst vor den Konsequenzen dieses natürlichen Verhaltens haben. Diese Angst entsteht in uns und hat etwas mit unseren erlernten Vorstellungen bzw. Glaubenssätzen und somit unserer Konditionierung zu tun.
Ich gehe im zweiten Teil des Buches noch ausführlicher auf die Angst ein und somit auch auf die eigentlichen Ursachen von Stress.

Die Essenz besteht einfach darin, dass es zu Krankheiten führen kann, wenn ich nicht kacke, obwohl ich muss. Wird die Kacke dauerhaft blockiert, z. B. durch einen Darmverschluss, kann das sogar tödlich sein!

Bei Alarm im Darm haben wir die Möglichkeit, das Ganze hinauszuzögern und eventuell an einem geeigneten Ort auszudrücken. Doch wir haben nicht wirklich die Möglichkeit, der Kacke gänzlich den Weg zu versperren. Auf psychischer Ebene ist der Körper mittels Psychosomatik in der Lage, etwas über den Körper auszudrücken, was du auf psychischer Ebene nicht auszudrücken vermagst. Er unterstützt uns sozusagen dabei, ein Gleichgewicht herzustellen.

Nehmen wir als Beispiel mal das Immunsystem.
Du denkst vielleicht, du hättest dich schon mal mit einer Krankheit angesteckt, doch das stimmt so nicht. Wir stecken uns täglich mit unendlich vielen Krankheiten an, da Bakterien und Viren an jeder Straßenecke lauern. Selbst Krebszellen, Zysten und andere ungebetene Gäste haben wir alle jeden Tag in unserem Körper, ohne dass wir etwas davon mitbekommen. Unser Immunsystem ist unter normalen Umständen in der Lage, schäd-

liche Viren, Bakterien und sogar Krebszellen zu vernichten. Schädliche Eindringlinge bekommen vom Immunsystem ein »Nein« zu hören und werden zerstört.

Lass uns das mal auf die psychische Ebene übertragen.
Stell dir vor, dein Chef fragt dich, ob du Überstunden machen willst. Manchmal ist es okay, und du sagst »Ja«. Manchmal spürst du aber innerlich einen Widerstand, der dir frei von Angst das Wort »Nein« auf die Zunge zaubern würde.
Und was machst du? Du sagst »Ja«!

Das gleiche Spiel geschieht am nächsten Tag, und die Energie des »Nein« wird größer. Es beginnt sich anzustauen und langsam zu schmerzen. Am nächsten Tag wieder das gleiche Spiel. Du merkst, dass du es kaum noch aushalten kannst, wie bei einem Staudamm. Es entsteht Distress. Du willst »Nein« sagen, willst endlich auf Toilette, aber du tust es einfach nicht. Warum nicht? (Un-)Natürlich aus Angst! Angst vor den Konsequenzen. Unbewusst willst du schließlich die Anerkennung und letztlich Aufmerksamkeit deines Chefs nicht verlieren. Du willst den Job nicht verlieren, du willst nicht kritisiert werden, du willst fleißig, brav und angepasst sein.

Dein Immunsystem wird derweilen durch den Stress geschwächt und beginnt genauso zu reagieren wie du. Eigentlich müsste es die Eindringlinge fernhalten, weiter »Nein« zu den Viren und Bakterien sagen, doch es kann einfach nicht mehr. So kommt das erste akute Symptom des Körpers durch: Du bekommst eine Grippe! In diesem Moment unterstützt dich dein Körper nach besten Möglichkeiten, denn er hilft dir dabei, »Nein« zu sagen.

An der Stelle sei nochmal deutlich gemacht, dass du die Kacke nicht wirklich im Darm verschließen kannst, ohne daran zu krepieren!

Irgendwann kommt sie definitiv raus und je früher, desto schmerzfreier. Wenn du es also von dir aus nicht schaffst, die Kacke rauszudrücken, wird dein Körper dich mit Schmerzen und Leid dabei unterstützen!
Wenn du nicht »Nein« zu der Mehrarbeit sagen kannst, obwohl die Energie des »Nein« ganz klar da ist, wird der Körper selbst dafür sorgen, dass er eine Pause bekommt. Er wird sie einfach einfordern. Ich gehe sogar so weit zu behaupten, dass jede Krankheit ein verzerrt ausgedrücktes Gefühl ist. Der Körper lässt dich kacken, aber wenn du nicht selbst wählst und früh genug auf Toilette gehst, drückt er dir das Zeug nach einigen Schmerzen in die Hose, und du sitzt ganz schön in der Scheiße! Wenn du nie Pausen machst, obwohl der Drang dazu da ist, wird der Körper dir eine verschaffen. Wenn du dich nicht abgrenzt, immer nur nett bist und jeden an dich heranlässt, wird dein Körper sich eine Schutzschicht aus Fett zulegen, um sich abzugrenzen. Wenn du immer nur nach vorne strebst, wird dein Körper dich zurückwerfen.

Im Übrigen ist das Immunsystem dafür da, Feinde zu eliminieren, die dem Körper schaden. Jetzt stell dir mal vor, der größte Feind deines Körpers bist du! Was würdest du als Immunsystem machen, wenn du darauf programmiert bist, die Feinde des Körpers zu töten, und du selbst bist dein größter Feind? Bei Autoimmunkrankheiten zerstört das Immunsystem folgerichtig den eigenen Körper.
Ich habe noch niemanden mit einer Autoimmunkrankheit kennen gelernt, der nicht von Selbsthass zerfressen ist. Es gibt un-

endlich viele Bücher auf dem Markt, die einzelne Krankheitssymptome und deren psychische Bedeutung beinhalten. Einige davon sind wirklich gut, andere wiederum eher wie ein Horoskop.
Ich finde es manchmal interessant, in diesen Büchern nachzuschlagen, um jemandem zu verdeutlichen, dass die Geschichte hinter dem Krankheitssymptom gut zu der eigenen Lebensgeschichte passt. Dennoch möchte ich es einfach etwas mehr einengen.

Wie viele Gesundheiten kennst du?

FRAGE DICH SELBST!

Selbst das Wort »Gesundheiten« wird mir vom Schreibprogramm als Fehler unterstrichen, da wir nur eine Gesundheit kennen.
Wie kann es denn unendlich viele Krankheiten geben, aber nur eine Gesundheit?

Es gibt verschiedene Ausprägungen der gleichen Krankheit, die ich wie gesagt Angst oder Stress nenne. Ich bin sicher nicht immer gesund, ich habe auch noch hier und da Krankheitssymptome, und das ist vollkommen in Ordnung. Ich habe auch Ängste und ich drücke nicht jedes Gefühl immer und zu jeder Zeit aus, denn wir leben nun mal in einem gesellschaftlichen System, in dem das nicht immer leicht ist. Doch ich bin meinen Symptomen dankbar, dass sie mir ermöglichen, einen Ausgleich herzustellen, dass sie meinen Körper regenerieren, dass sie mir dienen und mir letztlich auch wieder zeigen, dass ich nicht kacken gehe, obwohl ich eigentlich müsste.

Im Vergleich zu vor zehn Jahren bin ich kerngesund und heute 29 Jahre alt. Ich habe in den letzten zehn Jahren heftige Allergien, Rückenleiden, ständige Mandelentzündungen, Infekte und andere Kleinigkeiten gehabt. Ich hatte früher eine so starke Tierhaarallergie, dass ich bereits in einem Raum, in dem mal eine Katze war, Asthmaanfälle bekommen habe.
Neben mir liegt ein Hund, gestern hatte ich eine Katze auf dem Arm und vor zwei Wochen habe ich bei einem Reitturnier zugesehen. All diese Sachen hätten mich früher in die Notaufnahme befördert und machen mir heute absolut nichts mehr aus. Ich wurde deswegen nicht therapiert oder behandelt. Es ist einfach weg. Es ist eine Begleiterscheinung davon, dass ich meine Gefühle erkenne, wenn sie aufkommen, und ausdrücke, weniger Stress habe, meine Ängste und Vorstellungen überprüfe und einfach nicht mehr auf so viele Dinge »allergisch reagiere«.

Zum Thema Allergie werde ich die Katze mal etwas deutlicher behandeln, weil die Allergie innerhalb von 24 Stunden geheilt war, und das ist absolut kein Scheiß. Ich habe Zeugen dafür, doch ich würde es vermutlich selbst nicht glauben, wenn ich es nicht erlebt hätte. Aus persönlichen Gründen war ich quasi dazu gezwungen, etwas zu tun, da ich mit jemandem zusammenleben wollte, in dessen Haushalt eine Katze lebte. Nach mehreren Nächten mit asthmatischen Anfällen habe ich mir die Katze mal als Symbol vorgestellt.

Was löst die Katze in mir aus?
Was bedeutet die Katze für mich?

Ich hatte Angst vor ihrer Unberechenbarkeit. In einem Moment lässt sie sich schnurrenderweise streicheln, im nächsten kratzt sie, beißt oder rennt weg. Ich hatte ständig einen latenten

Stress neben Katzen. Dann habe ich mir meine Gedanken über Unberechenbarkeit bewusst gemacht. Dabei entdeckte ich meine Angst davor, verlassen zu werden, damit auch die Ablehnung von Frauen, die ich als unberechenbar empfand, und alles, was damit zusammenhing. Mein Körper hat mich durch die Allergie quasi dabei unterstützt, mich von dieser gefürchteten Gefahr fernzuhalten.
Daraufhin habe ich mich selbst gefragt, welche Vorzüge Unberechenbarkeit haben könnte. Ich würde keinen Film sehen und das Ende schon kennen wollen. Ich liebe Überraschungen und unvorhergesehene Wandlungen. Ja, im Grunde ist Unberechenbarkeit das, was das Leben so spannend macht. Über diese Erkenntnis fand ich meinen Frieden mit diesen Ängsten, habe sie integriert und war am nächsten Tag nicht mehr allergisch auf Katzen. Auch die Angst vor der Unberechenbarkeit meiner Partnerin ging mit der Allergie.

Ja, du hast richtig gelesen, ich hatte früher Angst vor der Unberechenbarkeit meiner Partnerin. Heute lässt es mich ein wenig schmunzeln, während ich es niederschreibe.
Finde bitte selbst heraus, was für dich stimmt.
Ich bin kein Heiler, Mediziner oder sonst irgendein mystischer Wundermann, der im Teleshopping Heilsteine verkauft, durch das Auflegen meiner Hände Löffel verbiegt oder Krankheiten heilt. Ich habe nur festgestellt, dass es sich mit weniger Ängsten und Stress gesünder lebt.
Apropos Heilsteine. Heutzutage ist es ja sehr im Trend, gesund zu essen, Nahrungsergänzungen zu futtern, das Wasser rechts herum zu rühren, zu energetisieren und Richtung Norden zu schlafen, damit man gesund bleibt. Hierzu muss ich dringend ein paar Zeilen loswerden, damit auch diese Scheiße mein System verlässt.

Viele Menschen gründen ganze Religionen um ihr Essen, so dass es neben Vegetaristen, Veganisten, Rohkostisten auch die Kurkumanisten, Brombeeristen, Matchateeisten und Antimilchisten gibt, die früher oder später natürlich zu Smoothisten mutieren. Wenige davon sind weniger bekehrend, als es Christen in langen Zeiträumen ihrer Existenz waren und zum Teil nach wie vor sind. Wenn ich jeden Tag lese, wovon man alles Krebs bekommen soll und was alles gegen Krebs hilft, ist mir klar, wieso Smoothies (allerdings nur selbst gemachte, da man von gekauften sicher Diabetes oder so bekommt) so im Trend sind, denn man kann nichts Normales mehr essen, sondern muss sich einen Cocktail aus 200 verschiedenen Kräutern, Wurzeln und Gewürzen zusammen brauen, darf aber auf keinen Fall Wasser aus der Leitung oder aus einer PET-Flasche nehmen, sonst krepiert man am Wasser. Sollte ich also sonst keine Ängste haben, hab ich zumindest welche vor Nahrungsmitteln, die sind nämlich alle böse!

Ich frage mich ernsthaft, wie wir das überlebt haben, als wir in der Kindheit neben Eiscreme und Nudeln auch ein leckeres Gesamtpaket aus Sand, Käfern und Popeln mit Genuss verspeist haben. Ich weiß nicht, wie so unglaublich viele Menschen so viel Schwachsinn glauben können. Selbst Zahnpasta muss fluoridfrei sein, denn Fluorid ist mittlerweile auch für Hunderte von Krankheiten verantwortlich und wird bewusst in Zahnpasta gemischt, um uns krank zu machen.
Zum Glück wird auf Informationsseiten zu dem Thema stets ein gesünderes Alternativ-Produkt und ein Fluoridentgiftungstee angeboten. Was für ein geniales Marketing, und es würde mich nicht mal wundern, wenn das von den Zahnpastaherstellern selbst inszeniert wird, um eine teurere Exklusivzahnpasta zu verkaufen.

Ganz ehrlich, ich bin ein echter Fan von Verschwörungstheorien, aber ich habe noch niemanden gesehen, der die Zahnpasta wechselt und plötzlich keine Probleme mehr hat. Ich finde es immer wieder amüsant, was viele Menschen über Ernährung zu wissen glauben, kennen sie doch gar nicht alle Einflussfaktoren auf biochemischer Ebene, die dabei bedacht werden müssten.

Dabei muss ich natürlich einen der größten Absatzmärkte dieser Zeit erwähnen. Ich nenne es mal vorsichtig den »Abnehmmarkt«.
Wir wollen ja aussehen wie Covermodels und finden das im Übrigen nur schön, weil man uns gesagt hat, dass wir es schön finden sollen. Schönheit liegt nicht im Auge des Betrachters, es liegt in den Informationen einer Kultur, die das Auge eines Betrachters durch Zeitschriften, Fernsehsendungen und Werbeprospekte formen. Wir fanden mal Blässe und Gewicht schön, weil reiche Leute nicht im Freien arbeiten und übergewichtige Leute genug Geld für Essen hatten. In vielen Kulturen ist das nach wie vor so. Es ist eine gigantische Industrie. Man sagt uns ständig, was schön ist, bietet uns überall Essen an, das dick macht, wir fahren mit Autos und Aufzügen statt zu laufen, und anschließend brauchen wir Ergänzungen und Fitnessstudios, die uns schlank machen.
Ein genialer, sich selbst erhaltender Absatzmarkt.

Ich bin auf diesen Scheiß selbst schon reingefallen und habe zwischen 18 und 25 intensives Bodybuilding betrieben. Meine Ernährung bestand aus Pulvern, abgewogenem Essen und grenzwertig legalen Nahrungsmittelergänzungen. Ich sah auch zwischenzeitig fast aus wie ein Covermodel, habe mich aber zum Kotzen elend gefühlt, weil ich noch nicht ganz wie ein Covermodel aussah und meine Ernährung echt anstrengend war. Zumindest habe ich damals viele Frauen gehabt, die wegen meines Körpers mit mir zusammen waren, und konnte einige oberflächliche Beziehungen führen, von denen keine jemals zufriedenstellend war. Auch hier ist die Realität einfach nicht so zufriedenstellend, wie es uns die Vorstellung verspricht.

Jedenfalls habe ich mich derzeit sehr viel mit dem menschlichen Körper und seinen Stoffwechselprozessen beschäftigt. In späteren Coachings konnte ich einige Leute in Sachen Ernährung begleiten und beraten. Dies geschah in Zusammenhang mit den Gedanken und Vorstellungen. Was ich mit der Zeit bei mir und auch bei den Menschen, mit denen ich gearbeitet habe, über Übergewicht herausfand, möchte ich gerne kurz auflisten.

1. Distress steigert den Cortisolspiegel im Blut und sorgt für eine verminderte Fettverbrennung.
2. Kein Nahrungsmittel macht pauschal dick.
   Es kommt immer darauf an, was der Körper gerade braucht.
3. Nahrungsmittel machen nur krank oder dick, wenn der Grund für deren Aufnahme in einem verzerrten Gefühl liegt.

Zu 1.: Der erzeugte Stress lag bei fast allen Menschen, mit denen ich über deren Übergewicht geredet habe, an unterdrückten Aggressionen. Statt Impulsen nachzugehen, sich abzugrenzen oder aus sich herauszukommen, haben sie die Dinge in sich hineingefressen, sich somit körperlich abgegrenzt und ihre Gefühle runtergeschluckt.

Zu 2.: Unser Körper hat gewissermaßen eine eigene (somatische) Intelligenz, die unseren Glaubenskonstrukten weit voraus ist. Er informiert uns durch Empfindungen darüber, was ihm fehlt. Wenn er Erholung braucht, werden wir müde, wenn er

dehydriert ist, bekommen wir Durst, wenn der Darm zu voll ist … Du weißt schon.
Auf den Körper zu hören bedeutet, einen Ausgleich für den Körper herzustellen, nach dem er gerade ruft. Sonst kann es passieren, dass er den Ausgleich durch Zwang selbst herstellt, indem er eine entsprechende Krankheit erzeugt. Um diese somatische Intelligenz wirklich nutzen zu können, ist es wichtig, einen guten Kontakt mit seinem Körper zu haben und seine Signale richtig deuten zu lernen. Dafür empfehle ich Meditation und Wahrnehmungsübungen.

Stell dir mal vor, du hast Appetit auf einen Schokoriegel. Macht ein Schokoriegel dick? Es kann sein, dass in einem Schokoriegel etwas drin ist, was meinem Körper gerade fehlt, und er lässt mich Appetit auf einen Schokoriegel haben, weil er weiß, dass das, was er braucht, in dem Schokoriegel drin ist. So ein Ding hat er schließlich schon mal gegessen. Jetzt esse ich aber keinen Schokoriegel, sondern ernähre mich »gesund« und esse einen Apfel. Darin ist nicht enthalten, wonach der Körper gerade verlangt hat, der Hunger bleibt, und ich esse noch einen Apfel. Nach dem dritten Apfel habe ich die Schnauze voll und esse zusätzlich zu den drei Äpfeln doch noch einen Schokoriegel. Dumm gelaufen würde ich sagen.

Nun beginnen wir natürlich uns dafür zu kritisieren, fühlen uns elend und erzeugen direkt wieder Stress. Was für ein Gesundheitstrend.
Wäre es vielleicht doch gesünder gewesen, auf den Körper zu hören und einfach direkt zum Schokoriegel zu greifen? Kein Nahrungsmittel ist von sich aus gesund oder ungesund. Der Schokoriegel wäre in dem Fall gesünder gewesen als die drei Äpfel. Was hältst du für gesund? Vielleicht Nüsse? Gebe die mal

jemandem, der gegen Nüsse allergisch ist, dann findest du sehr schnell heraus, wie pauschal gesund diese sind.

Nicht jedes Lebensmittel ist für jeden gesund oder ungesund und auch nicht zu jeder Zeit. Dogmen und Richtlinien rund ums Essen schränken unseren Handlungsspielraum wieder mal ein, und wir sind nicht mehr in der Lage, auf unseren Körper zu hören. Das wäre so, wie wenn du mich fragst, ob ich Durst habe und ich antworte mit »Nein«. Würde ich jetzt daraus eine Vorliebe oder eine Geschichte machen und sagen »Ich bin ein nicht durstiger Mensch!«, würde ich irgendwann ein Problem damit bekommen. Denn eine Stunde später kann das Ganze schon ganz anders aussehen, und wenn ich dann meinen Glauben meiner somatischen Intelligenz vorziehe, wird das irgendwann tödlich enden.

Ich erkenne mittlerweile sehr genau, was mein Körper wirklich will und braucht. Er reagiert sehr schnell mit Sodbrennen, Durchfall oder Magenkrämpfen darauf, wenn ich das beim Essen ignoriere. Hier kann es natürlich sinnvoll sein, dem Körper Alternativen zu zeigen und das Spektrum zu erweitern, wobei ein guter Ernährungsberater helfen kann.
Vor kurzem noch habe ich mich vier Wochen nur von Tiefkühlpizza, Schokoriegeln und Cola light ernährt. Ich war kerngesund, habe nicht zugenommen und fühlte mich wohl. An einem Morgen habe ich dann ganz klar gespürt, dass diese Ära nun zu Ende ist, und hatte plötzlich Lust auf Obst, Quark und frische Nahrungsmittel. Dann kam eine Phase, in der ich viel Lust auf Grillfleisch und Würstchen hatte, bis ich merkte, dass ich auch darauf jetzt keinen Appetit mehr habe.
Diese unterschiedlichen Phasen werden schon alleine von der Natur geregelt, da man im Winter auf andere Dinge Appetit hat

als im Sommer, und auch nicht zu jeder Jahreszeit jedes Nahrungsmittel frisch erhältlich ist.
Ich habe seit locker zwei Jahren keine ernste Grippe mehr gehabt. Es gab höchstens mal eine Erkältung, die ich aber jedes Mal brauchte. Sie bescherte mir eine überfällige Erholungspause und war stets emotional erklärbar. Ich halte mein Gewicht seit zwei Jahren ziemlich exakt und beginne langsam, mich damit auch wirklich wohl zu fühlen. Ich habe keinerlei ernsthafte Magenprobleme mehr oder Mundgeruch, unter dem ich früher stark zu leiden hatte. Ich rauche, trinke Alkohol, esse Fleisch, trinke Milch und esse wenig Obst und Gemüse. Doch das ist weder meine Gewohnheit, noch mein Charakter, noch eine Religion ums Essen. Ich habe in den letzten fünf Jahren ein Jahr lang keine Milch getrunken, ein Jahr nicht geraucht, ein paar Monate kaum Fleisch gegessen, phasenweise monatelang keinen Alkohol getrunken und manchmal Obst geschaufelt wie ein Verrückter. Das tat ich jedoch niemals, weil ich es für gesund oder ungesund hielt, etwas davon zu tun. Ich habe dabei stets darauf gehört, was mein Körper mir signalisiert hat, und bin dem gefolgt. Ich weiß heute nicht, worauf ich morgen Appetit haben werde, und ich habe keine Ahnung, wieso mein Körper manche Dinge manchmal braucht und manchmal nicht. Aber ich mache mir darüber auch keine Gedanken mehr. Alleine dadurch, dass ich mir deswegen keinen Kopf mehr mache, lebt es sich leichter, und ich bin offensichtlich gesünder als früher, also kann es so falsch nicht sein.

Das bedeutet jedoch nicht, dass du einfach essen kannst und sollst, was du willst. Hier gilt es sehr wohl zu unterscheiden, ob das Verlangen nach einem Lebensmittel aus deinen Gedanken kommt, oder ob es wirklich ein Verlangen des Körpers ist.
Diese Unterscheidung ist sehr wichtig! Du könntest Lust auf

einen Big Mac haben, weil du daran gedacht hast oder dir einredest, dass du einen bräuchtest. Stelle eine Verbindung zu deinem Körper her und achte auf seine Signale.

Wissenschaftlich lässt sich das im Übrigen alles untermauern, wozu ich aber einfach keine Lust mehr habe, da du ja mittlerweile weißt, wie ich zu wissenschaftlichen Erkenntnissen stehe. Ich habe mir lange genug Beweise und wissenschaftliche Grundlagen für mein Handeln gesucht, doch nie hat davon etwas so sehr mir selbst entsprochen wie meine Wahrnehmung. Du musst schon für dich selbst herausfinden, was dir guttut. Ich kann dir nur von meinen Erfahrungen berichten.

Sollte dich das Ganze wissenschaftlich interessieren, gibt es im Netz eine Menge Informationen zum Thema »somatische Intelligenz«.
Besser ist es aber, wenn du es in dir und in deinem Körper findest, statt in einem schlauen Text zu lesen.

Zu 3.: Der dritte Grund hat natürlich auch wieder etwas mit Konditionierung und dem Umgang mit unseren Gefühlen zu tun. Stell dir mal vor, auf dich kommt ein weinendes Kind zugelaufen. Die Tränen fließen in Strömen, und es weint bitterlich, während es sich auf dich zubewegt. Was würdest du mit dem Kind machen?
Würdest du einen Schokoriegel aus der Tasche ziehen und es ihm in den Mund stecken? Würdest du ihm einen Telefonhörer ans Ohr pressen, den Fernseher anmachen oder zum Sport schicken? Vermutlich würdest du es in den Arm nehmen, halten, weinen lassen und fragen, was los ist.

Was tust du, wenn du traurig bist?

FRAGE DICH SELBST!

Hältst du dich im Arm, gestattest dir zu weinen und zu trauern und dich zu fragen, wie es dir geht?
Oder schaust du fern, gehst zum Sport, telefonierst, schiebst dir einen Schokoriegel rein oder lackierst deine Fußnägel?

Das ist eins der Beispiele, wie wir unsere Gefühle eben nicht wahrnehmen und ausdrücken, sondern ein unpassendes, konditioniertes Verhalten an den Tag legen. Neben tatsächlichem, somatischem Hunger gibt es auch noch einen emotionalen Hunger nach Liebe bzw. Aufmerksamkeit. So essen sehr viele Leute aus emotionalen Gründen, stillen damit natürlich nicht das Bedürfnis und somit auch nicht den Hunger. Viele von uns haben das in der Tat so gelernt, weil man versucht hat, uns mit Eis zu trösten, zu belohnen oder ruhigzustellen. Das Eis ist hier ein Synonym für unendlich viele Begriffe, mit denen man versucht hat, unsere Emotionen abzustellen und uns zu trösten. Das führt nicht nur zu Übergewicht, sondern auch zu Alkoholmissbrauch, Drogenmissbrauch, Kaufsucht, Magersucht, Sucht nach Liebe und Sucht nach dem Partner und vielen anderen Süchten und Ablenkungsmechanismen.

Hier will ich mich jetzt einbremsen, da dies kein Buch zum Thema Krankheit werden soll. Ich bin in diesem Themenbereich einfach sehr gerne unterwegs und habe eine Menge dazu zu sagen. Daher fließen die Worte an der Stelle wie verrückt aus mir raus. Wer weiß, vielleicht kommt irgendwann der Impuls, auch darüber ein eigenes Buch zu schreiben. Bis dahin gibt es mehr Informationen in meinen Coachings, Vorträgen und Seminaren.

Lass mich also den Kern noch einmal kurz zusammenfassen, bevor wir das Kapitel schließen.

Schau dir an, welche Gefühle du vermeiden willst.
Schau dir deine Glaubenssätze dazu an und stelle sie in Frage.
Nimm deine Gefühle wahr und bringe sie zum Ausdruck.
Nimm deine Empfindungen wahr und sorge für den nötigen Ausgleich, nach dem dein Körper verlangt.
Nimm wahr, wann du kacken musst, geh auf Toilette, drück dich aus und scheiß auf den Rest.
Genieß das Leben, sei du, begrüße auch Krankheiten als einen Hinweis auf ein Ungleichgewicht und lasse die Krankheit das Gleichgewicht wiederherstellen.
Spüre einfach selbst, was dir guttut.

Kack dich gesund!

7 DEINE SCHEISSE IST MEINE SCHEISSE.

Kacken ist eine der wichtigsten Grundlagen für eine gelungene Beziehung. Frauen wissen das bereits, deshalb gehen sie so gerne zu zweit aufs Klo. Gemeinsames Kacken verbindet einfach. Welche Geheimnisse soll ich denn noch haben, wenn wir uns erstmal gegenseitig angefurzt haben?

Eine Freundin hat mir, als wir über das Buch sprachen, passend zu dem Thema eine lustige Anekdote angeboten, die ich hier gerne aufnehmen möchte.
Bei uns in der Nähe gibt es ein Café, in dem es ein sogenanntes »Freundinnen-Klo« gibt. Es besteht aus einer Kabine mit zwei gegenüberliegenden Toiletten, die optional durch eine hüfthohe Holzplatte »getrennt« werden kann. Zum Sinn der Trennwand brauche ich nichts sagen, oder? Auf jeden Fall war sie mit einer Freundin da, die plötzlich große Augen machte … »Oh oooooh ich muss PUPSEN« muss wohl ihr genauer Wortlaut gewesen sein. Darauf folgte ein 20-sekündiges Flötenkonzert und beide mussten so lachen, dass sie fast von der Brille gerutscht wären … »DAS und nur DAS ist Freundschaft« gab sie mir zu verstehen.
Übrigens soll es auch Männer geben, die auf einen richtig stinkenden Furz ihres Kumpels nur lautstark mit »RESPEKT!« reagieren und zum gelungenen Aroma gratulieren. Scheiße ist eben nur, wenn der Furz Gewicht hat. Egal, kommen wir zum Thema zurück.

In diesem Kapitel geht es nicht nur um Paarbeziehungen, sondern um jede Beziehung, die du zu anderen Menschen hast. Eine Beziehung hast du grundsätzlich zu jedem Menschen, sogar zu denen, die dir noch nie begegnet sind. Die Beziehung zu einem Menschen hat viel damit zu tun, wie du über ihn denkst, und du kannst aus deinen Beziehungen eine ganze Menge über dich selbst lernen, da immer du es bist, der eine Beziehung zu jemandem oder etwas hat. DU hast eine Beziehung! Es ist also DEINE Beziehung, um die es hier geht. In Beziehungen zu anderen Menschen, Dingen und sogar zu dir selbst kannst du eine Menge darüber herausfinden, wie DU tickst, was DU denkst und was DU glaubst. Ich werde mich hier auf die Beziehung zu Personen beschränken, doch du kannst auf gleiche Art und Weise auch mit Gegenständen, Tieren oder Orten verfahren. All diese Dinge sind nämlich keine konstante Realität, sondern sie sind das Ergebnis deiner Gedanken über sie, sozusagen eine Projektion deines Verstandes. Daher ist die Scheiße eines anderen in Wirklichkeit deine eigene Scheiße!

Hast du schon mal erlebt, dass zwei Menschen über ein und dieselbe Person erzählen und die Beschreibungen sich total unterscheiden?
Hast du schon mal erlebt, dass eine Person tun und machen kann, was sie will, und es dir dabei einfach nicht recht machen kann?
Hast du schon mal erlebt, dass es Menschen gibt, gegen die du eine tiefe Abneigung hast und gar nicht so recht weißt, warum?

FRAGE DICH SELBST!

All das liegt nicht an den Personen selbst, sondern es liegt an dem Bild, welches du von ihnen hast. Sie sind nur eine Projektion deiner Gedanken über sie, und somit sind sie auch eine Art Spiegelbild deiner Gedanken. Dein Kopf ist voll von bestimmten Werturteilen, und diese Werturteile gelten für alles, was dir begegnet. Wenn du z.B. sportlich und durchtrainiert bist, wirst du vielleicht Menschen mit einem kleinen Bauch bereits als dick empfinden. Wenn du einen kleinen Bauch hast, empfindest du durchtrainierte Menschen vielleicht als viel zu dünn.

Wenn du in Deutschland lebst, empfindest du −20° C eventuell als extrem kalt, wenn du in manchen Regionen Russlands lebst, ist das vielleicht im Winter durchaus eine angenehme Temperatur. In Deutschland geht dir der Regen auf den Keks, in der Wüste würdest du Freudentänze über einen kleinen Schauer machen.

Die Dinge sind nicht absolut, und so sind es auch nicht Personen, die uns begegnen. Das Spannende daran ist, dass jeder Mensch uns etwas über uns selbst zeigt, was uns nicht bewusst ist.
In jedem von uns ist grundsätzlich jede menschliche Eigenschaft dieser Welt angelegt. Egal ob wir sie mögen oder nicht. Manche dieser Eigenschaften haben wir jedoch abgelehnt und in den Schatten verdrängt. Diese in den Schatten verdrängten Eigenschaften sehen wir gerne bei anderen. Oft lösen sie eine Menge inneren Widerstand aus.
Ich bezeichne den Bereich hier als Schatten, weil er nicht im Licht ist. Es ist ein Teil unseres Unterbewusstseins, in dem zwar Informationen gespeichert sind, die uns jedoch gar nicht bewusst sind. Unsere Bewusstheit kann man sich dabei als Licht vorstellen, was Dinge beleuchtet und sie dadurch sichtbar macht. Sind sie uns hingegen gerade nicht bewusst, stehen sie nicht im Licht unserer Aufmerksamkeit und befinden sich somit im Schat-

ten. Besonders Kinder und Partner sind sehr direkte Spiegelbilder, aber auch Chef und Kollegen, Politiker, Prominente und der Nachbar zeigen uns gerne Dinge, die wir selbst nicht sehen wollen. Nimm mal irgendeine Person in deinem Leben, die dir nahesteht und dir ganz gewaltig auf den Sender geht. Frage dich einmal, was genau du an dieser Person ablehnst.

FRAGE DICH SELBST!

Ich nehme hier mal einige häufige Beispiele:

1. Mein Partner gibt mir einfach zu wenig Liebe!
2. Mein Chef behandelt mich wie Dreck!
3. Mein Kind räumt sein Zimmer nicht auf, es ist total chaotisch!
4. Mein Nachbar tut immer nur so freundlich, wenn er mich grüßt!
5. Die Politiker kümmern sich nicht um den Frieden in der Welt!
6. Der Schauspieler hält sich für den Größten!

Nun lass uns die einzelnen Punkte etwas genauer ansehen und die Projektionen darin finden.

»Mein Partner gibt mir einfach zu wenig Liebe!«
Wie viel Liebe gibst du dir selbst? Gibst du deinem Partner genug Liebe, auch wenn du glaubst, er würde dir zu wenig Liebe geben? Ist es die Aufgabe deines Partners, dir Liebe zu geben? Wie macht er das? Soll er eine Schubkarre voll Liebe sammeln und über dich kippen?

»Mein Chef behandelt mich wie Dreck!«
Wie behandelst du dich selbst? Wie behandelst du deinen Chef,

wenn du glaubst, er würde dich wie Dreck behandeln? Behandelst du dich selbst gut, wenn du dich wie Dreck behandeln lässt und keine Grenze ziehst?

»Mein Kind räumt sein Zimmer nicht auf, es ist total chaotisch!«
Wo räumst du nicht auf? Wo ist es bei dir chaotisch? Wie sehen dein Keller, dein Dachboden, deine Schubladen aus? Wie sieht es in deinen Gedanken aus? Ist es dort aufgeräumt?

»Mein Nachbar tut immer nur so freundlich, wenn er mich grüßt!«
Und was tust du? Freundlich zurückgrüßen, statt ihm zu sagen, dass du das für aufgesetzt hältst? Wo tust du freundlich, obwohl dir gar nicht danach ist? Bei Kunden? Bei Freunden? Bei deinem Partner?

»Die Politiker kümmern sich nicht um den Frieden in der Welt!«
Kümmerst du dich darum? Kümmerst du dich um deinen eigenen Frieden? Wie viel Frieden ist in dir, wenn du glaubst, die Politiker sollten sich um Frieden kümmern?

»Der Schauspieler hält sich für den Größten!«
Hältst du ihn vielleicht für den Größten? Hältst du dich für kleiner als er und machst ihn damit größer? Hältst du dich für besser als er und somit für den Größeren?

Das sind einige Beispiele dafür, wie man sich schnell im anderen wiederfinden und somit die in den Schatten verdrängten Gedanken beleuchten kann. Wenn du absolut überzeugt davon bist, nicht so zu sein wie dein Gegenüber, kannst du dich fragen, ob du die Auslöser kennst, die zu seinem Verhalten führen, und ob du mit den gleichen Auslösern nicht genauso handeln würdest.

Interessant sind auch immer Eigenschaften, die wir anderen zuschreiben, ohne genau zu wissen, ob sie gerade passen. Du hast das sicher schon mal erlebt, dass du eine Person für ein Arschloch hältst. Sollte die Person dann doch einmal freundlich sein, versuchst du, das in dein »Arschloch-Bild« zu pressen, und fragst dich, wie die Person dich gerade manipulieren will oder welche bösen Hintergedanken sie hat. Der von dir als Arschloch Deklarierte hat keine Chance, sich aus seiner Rolle zu befreien.

Wenn eine gute Freundin oder ein guter Freund eine Beziehung beendet oder verlassen wurde, fragst du dich, wie du dich in der Situation fühlen würdest und projizierst diese Gefühle auf den anderen. Wenn du dich nach einer Trennung scheiße fühlen würdest, gehst du davon aus, dass es ihm/ihr genauso geht. Dein Gegenüber wirkt aber vielleicht befreit und ist gut drauf. Du wirst ihn trotzdem behandeln, als sei er traurig. Du versuchst ihn zu trösten und bittest darum, dass er damit aufhört, sich zu verstellen, obwohl er gar nicht traurig ist. Es passt einfach nicht in deine Vorstellung, da du anders reagieren würdest.

Ein weiterer interessanter Punkt ist es, vom Verhalten anderer zu lernen. Ich kann mich in deren Eigenschaften erkennen und sie integrieren, wenn ich sie in mir ablehne.

Er ist so aufbrausend!
Unterdrücke ich mein Aufbrausen? Darf ich aufbrausend sein?

Er denkt nur ans Geld!
Darf ich auch ans Geld denken? Ist mir Geld wichtig?

Sie ist so laut!
Darf ich auch laut sein? Bin ich oft zu still?

Sie ist eine Lügnerin!
Bin ich manchmal zu ehrlich und darf die Wahrheit auch mal für mich behalten? Wo belüge ich mich und somit auch die anderen?
Nutze Beziehungen, um mehr über dich herauszufinden, denn jede Beziehung hat ein Gleichgewicht.
Wenn jemand zu viel Macht über dich hat, nimmst du dir zu wenig, wenn jemand zu laut ist, bist du zu leise, wenn jemand zu wenig macht, machst du zu viel. Hast du ein Störgefühl in einer Beziehung, dann sorge für Ausgleich. Habe Verständnis für den anderen und (er)wachse an deinen Beziehungen.

Mir helfen im Umgang mit anderen Menschen vor allem folgende Formulierungen:

- Er/Sie/Es ist so und so … Genau wie ich manchmal oder wenn ich an seiner/ihrer Stelle wäre = Verständnis
- Er/Sie/Es scheint so und so zu sein … Es ist nicht absolut, sondern nur mein Eindruck und meine Gedanken = Erkenntnis meiner Projektion
- Er/Sie/Es ist zu sehr … Vielleicht darf ich mehr so werden wie Er/Sie/Es = Gleichgewicht

Mit diesen Formulierungen kann ich in Beziehungen eine Menge über mich selbst herausfinden, über das, was ich in den Schatten gedrängt habe, das, was ich an mir verurteile, und das, was ich auf andere projiziere.

Ich kann also meine Scheiße in der Scheiße des anderen erkennen!

8 ICH ZEIG DIR MEINE SCHEISSE.

Der wahrhaftige Ausdruck meiner Selbst ist einer der wichtigsten Punkte in einer Beziehung. Im Grunde ist es sehr simpel, denn ich bin nur für das verantwortlich, was ich sage, nicht dafür, wie der andere es interpretiert. Es ist wichtig, meinen Mitmenschen meine Scheiße zu präsentieren, doch dabei gibt es häufig zwei wesentliche Probleme:

1. Ich nehme gar nicht wahr, was für Scheiße grade in mir ist.
2. Ich drücke diese nicht oder verzerrt aus, weil ich Angst habe, wie der andere darauf reagiert.

Zu 1.: Du bist nervös, aggressiv und bist zickig zu den Kunden am Telefon. Du stehst unter Strom, wirst hektisch und unfreundlich. Im Grunde musst du nur kacken, doch du merkst es nicht, weil du voll auf deine Arbeit konzentriert bist. Das passiert immer dann, wenn du in Tätigkeiten versunken bist und deswegen deinen Körper kaum bis gar nicht wahrnimmst. Du verhältst dich dann teilweise sehr seltsam und weißt nicht mal genau, warum.

Das kommt natürlich beim Gegenüber nicht an, bei ihm landet nur das aggressive, hektische und zickige Verhalten. Bei ihm kommt vielleicht an, dass du ein unfreundlicher Mensch bist oder ihn nicht leiden kannst oder etwas Ähnliches, und dabei musst du nur kacken.

Denk selbst mal nach, wie oft du von anderen glaubst, sie könnten dich nicht leiden, wären böse zu dir oder würden dich schlecht behandeln, nur weil sie dich zum Beispiel mal nicht grüßen.
Es könnte genauso sein, dass sie dich nicht gesehen haben, in Eile oder gedanklich von etwas anderem abgelenkt waren.

Spannend ist übrigens, dass ich in den letzten Zeilen immer schneller getippt und mehr Rechtschreibfehler eingebaut habe. Ich wollte das noch schnell zu Ende schreiben und war ins Tippen vertieft, so dass ich gar nicht wahrgenommen habe, dass ich grade auch mal muss.
Also … Pinkelpause für alle :D
Wahnsinn, was für eine Erlösung, und ich habe nicht mal gemerkt, dass ich musste. So schnell kann das gehen …

Ok, weiter im Text.

Ein weiteres Problem bei der Wahrnehmung kann die Verzerrung eines Gefühls sein. Es wird durch eine Situation ausgelöst, doch ich glaube, dass ich es nicht ausdrücken darf oder nicht ausdrücken will.
Da die meisten von uns z.B. nicht »schwach« sein wollen, drücken wir Gefühle wie Angst, Trauer oder Ohnmacht selten aus. Um diese Gefühle unterdrücken zu können, müssen wir Widerstand gegen sie leisten. Diese mentale Anstrengung und Unterdrückung zeigt sich oft in Wut und fehlgeleiteter Aggression.

Stell dir mal vor, du sagst zu deinem Partner oder einer guten Freundin, sie seien zu fett in dem Kleid oder in der Hose. Das trifft sie, und sie spüren eine Art Verletztheit oder Trauer, drücken diese aber nicht aus, sondern reagieren mit Wut und sagen: »Dafür bist du scheiße blöd!« Was in der Regel folgt, ist ein Streit mit Vorwürfen, Beleidigungen und anschließendem Schweigen bzw. auseinandergehen. Das geschieht, obwohl du im Grunde nur ehrlich warst. Jetzt stell dir einmal vor, dein Gegenüber würde die aufkommenden Gefühle nicht als »schwach« ansehen und unterdrücken, sondern ganz einfach zum Ausdruck bringen: »Es hat mich verletzt, dass du mich als fett bezeichnet hast!« Du würdest vielleicht einlenken und sagen: »Das war nicht meine Absicht, tut mir leid. Ich wollte nur ehrlich sein und dir sagen, dass die Hose zu eng ist! Dabei habe ich mich wohl schlecht ausgedrückt.« Hier entsteht kein Streit, sondern ein sachliches und ehrliches Gespräch.

Um besser wahrnehmen zu können, was in dir vorgeht, empfehle ich wieder Meditation, Selbstbeobachtung und Körperwahrnehmung. Komme dir auf die Schliche, finde heraus, was in dir vorgeht und bringe das zum Ausdruck. Ich werde darauf später noch genauer eingehen und dir zeigen, wie du Gefühle wahrnehmen und ausdrücken kannst.
Wenn du eine Leere in deinem Magen verspürst und du bittest um etwas zu essen, wird dich das nicht befriedigen, wenn du eigentlich Durst hast. Du kannst dein Gegenüber nicht kritisieren, wenn er auf deine Bitte nach Essen reagiert, obwohl du Durst hast. Er kann nicht anders, solange du den Durst nicht wahrnimmst und zum Ausdruck bringst.

Zu 2.: Ein häufig vorkommender Grund ist ein Nichtausdruck oder ein verzerrter Ausdruck von Gefühlen aus Angst davor, wie der andere reagiert. Da spielen wieder unsere Konzepte eine große Rolle, eine Vorstellung davon, wie etwas sein sollte, wie der andere reagieren wird, usw.
Was ich oft bei Coachings mit Familien und Paaren feststelle, ist,

dass sie Harmonie wollen. Niemand sagt wirklich die Wahrheit oder bringt mal zum Ausdruck, was in ihm ist, weil er oder sie die Harmonie wahren möchte. Würde das funktionieren, wäre die Familie gerade nicht in einem Coaching bei mir.

Es ist oft ein riesiger Schritt, den Beteiligten das nahezubringen. Ihr lügt und bringt eure Gefühle nicht zum Ausdruck aus Angst, es würde die Harmonie zerstören, und sitzt gerade vor mir, um euch helfen zu lassen, die Harmonie in der Familie wiederherzustellen.

Der Schritt, sich selbst wahrzunehmen und sich selbst zum Ausdruck zu bringen, ist einer der wichtigsten und auch schwierigsten in zwischenmenschlichen Beziehungen.
Gründe, wieso ich das nicht tue, könnten folgendermaßen klingen:

- Ich will den anderen nicht verletzen.
- Ich will den anderen nicht belasten.
- Ich will die Harmonie wahren.
- Ich will den Job nicht verlieren.
- Ich will den Partner nicht verlieren.

Wichtig dabei ist herauszufinden, was das wirkliche Motiv ist, um meine Integrität wahren zu können.
Ich will den anderen nicht verletzen!
Wieso nicht, was passiert, wenn du ihn verletzt?
Er ist traurig!
Und was ist daran schlimm?
Er zieht sich zurück und möchte nicht mit mir reden!
Und wie geht es dir damit?
Ich fühle mich einsam, traurig und schuldig!

Also sagst du nicht die Wahrheit, weil du dich nicht einsam, traurig und schuldig fühlen willst, weil du die Aufmerksamkeit des anderen nicht verlieren willst. Es hat nichts damit zu tun, dass die andere Person verletzt wird, sondern damit, dass du Angst vor Gefühlen und Erfahrungen hast, die den Verlust von Aufmerksamkeit zur Folge haben könnten.
Doch wie soll eine Beziehung funktionieren, die auf Lügen basiert?

FRAGE DICH SELBST!

Es ist wichtig, dass du die Scheiße in dir wahrnimmst, ehrlich zu dir und deinen Mitmenschen bist und die Scheiße präsentierst und ausdrückst.

Nur so können Beziehungen funktionieren!

9 VERLIEBT. VERLOBT. VERSCHISSEN.

Hast du dich jemals gefragt, wieso wir Menschen oft so große Schwierigkeiten mit unseren Beziehungen haben?

FRAGE DICH SELBST!

Stell dir mal vor, wir wären alle Teil eines großen Puzzles. Jeder hat seinen Platz, seine Zugehörigkeit und seine Aufgabe. Das ist der natürliche Zustand der Welt. Wenn du in den Wald gehst, wirst du das auch feststellen können. Kein Baum versucht, eine Blume zu sein und kein Wildschwein lernt Manieren, macht sich die Haare und übt Klettern, um sich unter die Eichhörnchen zu mischen.
Jedes Lebewesen, jedes Teilchen und jedes Puzzlestück hat ganz bestimmte Merkmale, Ecken und Kanten, und im Ganzen ergibt alles zusammen ein stimmiges Bild.

Dadurch, dass man uns von klein auf lehrt, wie wir zu sein haben, was wir zu denken haben, was richtig und was falsch ist, was im Leben wichtig ist und wer wir sind, gleichen wir uns alle mehr oder weniger. Kulturelle Unterschiede, Religion, Einkommen, Geschlecht und andere Merkmale unterscheiden uns dabei leicht in Kategorien. Die Grundmotive sind jedoch zum größten Teil gleich. Wir wollen mehr haben und sein, wollen angepasst, höflich, nett, brav, schön, sportlich, fleißig und vieles mehr sein.

Die Ecken und Kanten werden in eine ganz bestimmte Richtung gebogen und überdeckt. Ziel ist es dabei, mit möglichst vielen Puzzlestücken zu harmonieren und zu den Puzzlestücken zu passen, zu denen du passen willst. Dadurch eckst du weniger an, und vieles entspricht deinen Vorstellungen.

So bekommst du den Job, den du willst, weil du im Vorstellungsgespräch so tust, als wärst du der Richtige.
So kommst du mit dem Partner zusammen, der deinem Idealbild entspricht, indem du versuchst, seinem Idealbild zu entsprechen.
So hast du einen großen Freundeskreis, der voll auf deine Dienstleistungen und Hilfsbereitschaft steht, die du ihnen stets anbietest. Du bist beliebt, kennst viele Menschen und bist für jeden Scheiß gut genug.

Es gibt bei der Sache nur ein winziges und doch gravierendes Problem:
Das Puzzlestück steht unter Spannung, wenn ich es verbiege, und die Verbindung zu anderen Puzzlestücken wird dadurch sehr instabil. Nur unter großem Kraftaufwand und nur für sehr begrenzte Zeit kann die unpassende Verbindung aufrechterhalten werden.

Nehmen wir ein einfaches Beispiel in einer Paarbeziehung. Als Mann nimmst du ab und trainierst, bis du einen Modellkörper hast, um dich attraktiv für Frauen zu machen. Als Frau nimmst du ebenfalls ab, pushst deine Brüste unter den Hals und schminkst dir ein zweites Gesicht, so dass du Angst haben musst, dass Batman Jagd auf dich macht. Hier bilden beide Seiten eine künstliche Figur, die sie nicht wirklich sind. Diese beiden Figuren begegnen sich, verlieben sich und heiraten. Verliebt, verlobt und verheiratet sind nun zwei Rollen, die die beiden verkörpern, doch nach einiger Zeit kehren sie zu ihrer ursprünglichen Form zurück und aus »verheiratet« wird »verschissen«. Sein Bierbauch kehrt zurück, seine Muskeln schwinden, und aus dem coolen Typen wird plötzlich ein absolutes Weichei. Sie zieht ihren BH aus, lässt sich hängen, und er stellt nach dem Abschminken fest, dass er ein Rubbellos geheiratet hat. Unter der Deckschicht war doch wieder nur eine Niete.

Ich weiß, wovon ich hier spreche, denn genau so sahen die meisten meiner Beziehungen bisher aus. Ich lernte, wie man Frauen verführt, trainierte und wurde zu einem Typen, der ich gerne sein wollte. Ich bekam dadurch auch viele Frauen, die dem entsprachen, was ich haben wollte. Das Problem daran war aber immer, dass ich nie ich war und dadurch nie Frauen fand, die zu mir passten.

Das Gleiche passierte mir auch im Beruf. Ich habe im Vorstellungsgespräch gesagt, dass ich Mathe liebe, mich für Stahl interessiere, die Firma mir sehr bekannt ist und Industriekaufmann mein absoluter Traumjob ist. Ich war sieben Jahre lang totunglücklich in meinem Job, weil der Job zu jemandem passte, für den diese Aussagen die Wahrheit waren. Für mich waren sie eine Lüge und der Job der absolute Horror.

Oder denk mal an deinen Freundeskreis. Wie viele Menschen gibt es da, bei denen du sein kannst, wie du bist? Ich meine die Menschen, die du nie belügst, denen du alles sagst, bei denen du furzt, wenn es drückt, und ihnen sagst, dass sie zum Kotzen scheiße aussehen, wenn sie der Friseur verunstaltet hat. Hier gibt es oftmals auch einen großen Unterschied zwischen Männern und Frauen.

Ein Mann sagt zu seinem Kumpel: »Du bist so ein Penner!« und denkt, wenn er weg ist: »Ach, ich mag den Kerl!«
Eine Frau sagt zu ihrer Freundin: »Du siehst heute wieder blendend aus und so schick!« und denkt, wenn sie weg ist: »Was für eine Schlampe!«
Das ist nicht immer so, aber es ist häufig der Fall. Frauen waren historisch oft benachteiligt, weshalb sie gelernt haben, sich noch extremer zu verbiegen, als die Männer es tun, um sich durchzusetzen und zu ihrem Vorteil zu gelangen. Es ist kein Zufall, dass Frauen mit Kurzhaarschnitt in Jeans oder Anzug heute völlig normal sind. Emanzipation ist oftmals auch ein Verbiegen natürlicher Puzzlestrukturen.

Du findest immer Menschen, die zu dem passen, was du darstellst. Ich kann nichts geben, ohne dass jemand da ist, der es annimmt. Wenn ich also versuche, ein Zuhörer zu werden, finde ich Freunde, die mich zutexten.
Wenn ich ein Helfer werde, finde ich Freunde, die Hilfe brauchen.
Wenn ich ein Spender werde, finde ich Freunde, die meine Spenden annehmen. Wenn ich bin, wie ich bin, werde ich Freunde finden, die mögen, was ich bin.

Genau das ist der Weg zu echten, stabilen und zufriedenstellenden Beziehungen. Je mehr du kackst, wenn du musst, und je detaillierter und klarer du anderen deine Scheiße präsentierst, desto ausgeprägter wird dein Puzzleteil. Je ausgeprägter dein Puzzleteil wird, desto weniger Aufwand muss ein zu dir passendes Puzzleteil aufbringen, um eine stabile Bindung mit dir einzugehen. Wenn alle das unverzerrte Puzzleteil sind, haben wir ein stabiles Bild und sind »alle eins«, wie es in spirituellen Kreisen heißt.

Das ist es auch, was wir alle wollen. Wir wollen nicht nur eine Befriedigung in uns, sonst würde es reichen, einfach zu kacken, wenn man muss. Wir wollen eine passende Gemeinschaft, weshalb wir auf Toilette gehen und uns den Arsch abputzen.
Jeder will das, jeder will angenommen werden, will Freunde haben, will einen oder mehrere Partner haben, will Teil einer Gemeinschaft sein. Das ist vollkommen natürlich, sonst wären wir alle nach wie vor Einzeller und hätten uns nicht zu solch komplexen Wesen entwickelt. Jeder Mensch, jeder Partner, jeder Job und alle Umstände im Leben bilden solche Puzzleteile. Sie passen zu dem, was du darstellst. Wenn du willst, dass dein Leben zu dem passt, was du bist, dann sei, wer du bist.

Wir stellen einfach zu oft künstliche Beziehungen her, indem wir uns verbiegen. Das ist der Grund dafür, dass sie früher oder später wieder zerfallen müssen. Die beste Form der Beziehung ist die, in der du genauso bist, wie wenn du alleine bist, und es jemanden gibt, der genauso mit dir zusammen sein will. Nicht trotz, sondern gerade wegen deiner Ecken und Kanten.

Danach musst du nicht suchen. Vergiss die Form und die Vorstellung. Du musst nicht wissen, welcher Partner zu dir passt, welche Arbeit du machen willst oder wer freundschaftlich zu dir passt.

Geh kacken, wenn du musst, und das Puzzle beginnt sich zu fügen!

Vielen Dank für deine Aufmerksamkeit. Ich hoffe, ich konnte dir weiterhelfen!
Nein, Spaß, das war Teil 1.
Geht gleich weiter … eben mal was ausdrücken gehen!

TEIL 2

10 KACKEN WILL GELERNT SEIN.

Nach den letzten Kapiteln fragst du dich vielleicht, was genau du jetzt tun kannst, um dein Leben wieder natürlicher zu gestalten und den ganzen Scheiß wieder in ordentliche Bahnen zu lenken.

Genau darum soll es in diesem zweiten Teil des Buches gehen, um die Praxis. Hier wird uns das Beispiel des Stuhlgangs mal wieder wunderbar begleiten, auch wenn es dir vielleicht schon zum Halse raushängt. Aber hey! Wer sich ein Selbsthilfebuch zum Thema Kacken kauft, der muss das abkönnen! Also nochmal kurz zur Einleitung.

Wie hast du gelernt zu kacken?
Welche Bücher hast du darüber gelesen?
Welche Seminare hast du besucht?
Welche Übungen hast du dafür gemacht?

Was also musst du tun, um richtig zu kacken? Genau! Gar nichts! Du kannst es von Natur aus wunderbar. Das Einzige, was du gelernt hast, ist, es gesellschaftskonform zu tun, indem du eben nicht mehr einfach laufen lässt, sondern nach einer Toilette suchst und dir anschließend den Arsch abwischst.
Das möchte ich an dieser Stelle nochmal betonen, weil viele den Ausdruck der Gefühle so verstehen, dass sie jetzt einfach alles ungefiltert rauslassen und sich wie ein Säugling oder Neandertaler verhalten, doch wir scheißen auch nicht mehr in die

Hose und auch eher selten in den nächsten Busch. Wir haben etwas, was uns vom unkonditionierten Tier unterscheidet und das ist die Möglichkeit, unsere Kacke kontrolliert abzusetzen. Es ist also nicht nötig, etwas dazuzulernen, sondern vielmehr eine ganze Menge Gelerntes in Frage zu stellen und gedankliche Grenzen wieder aufzusprengen.

Als wir noch kleine Kinder waren, konnten wir unsere Gefühle meist noch sehr gut und ungefiltert ausdrücken, so wie wir auch einfach kacken konnten. Die Reform vom intuitiven zum konventionellen Kacken wird durch die Windel eingeleitet.
Sie ist also unser erster Zugang zur obligaten Gesellschaft.
Anschließend lernten wir so zu kacken, dass es mit der Gesellschaft vereinbar ist, und man brachte uns bei, wie wir unsere Gefühle unterdrücken, verstecken, uns von ihnen ablenken und sie ignorieren.
Auch du hast bestimmt schon mal solche Sätze gehört wie »Du brauchst keine Angst haben« oder »Du musst nicht traurig sein«, dicht gefolgt von »Du willst doch ein braver Junge oder ein braves Mädchen sein« und »Ein Indianer kennt keinen Schmerz«. All diese Sätze waren gut gemeint, um uns die Gefühle zu nehmen, mit denen unsere Eltern selbst nicht authentisch umgehen konnten. Sie zeigten uns durch solche Aussagen und ihr Vorleben den Umgang mit Gefühlen, welchen wir von ihnen übernahmen. Die Devise lautete dabei: »Zeige dieses Gefühl, welches du jetzt spürst, bitte nicht! Und wenn es doch mal hochkommt, dann gehe bitte so oder so damit um. Nur bitte nicht so!«
Wohin uns das geführt hat, habe ich in den vorherigen Kapiteln bereits beschrieben. Wir leben in einer lackierten Welt. Wir leben konform mit der Gesellschaft und all ihren Konzepten, Regeln und Grenzen. Die meisten von uns sind mehr oder weniger unglücklich, krank und auf der Suche zurück ins Leben.

Wozu dich dieses Buch animieren möchte, ist, ein Stück von der Gesellschaftskonformität wegzukommen.
Finde wieder zurück zu deiner Natur! Das Ziel ist es, dir einen Weg aufzuzeigen, auf dem du kacken kannst, wenn du musst.

Was unterscheidet denn den Erwachsenen vom Kind? Zumindest benötigen die meisten von uns für einen gewissen Zeitraum keine Windeln mehr! Doch im Grunde ist es die Fähigkeit, sich selbst zu reflektieren und die Dinge in einen Zusammenhang zu bringen. Das bedeutet, dass ein Säugling den Impuls bekommt zu kacken, und das tut. Du bekommst den Impuls zu kacken, nimmst diesen wahr, suchst dir eine Toilette und erleichterst dich. Im Idealfall putzt du dir auch noch den Hintern ab und machst die Toilette sauber. Gerade auf Festivals und öffentlichen Toiletten mache ich des Öfteren die Erfahrung, dass das keine Selbstverständlichkeit ist, doch auch wenn es deine Erleichterung nicht unbedingt vergrößert, ermöglicht sie dennoch nachfolgenden Generationen der Scheißhausbesucher eine genauso angenehme Erleichterung wie dir. Ein sozial verträglicher Weg steht der Befriedigung also nicht im Wege!

Nochmal zu Erinnerung:
Das, was wir wirklich tun, ist, dass wir den Impuls bekommen zu kacken, nehmen ihn wahr und lackieren uns dann die Fußnägel. Wir müssen diese verzerrte Art, wie wir mit unseren Gefühlen umgehen, wieder ins rechte Licht rücken, um Befriedigung zu erfahren. In diesem zweiten Teil wird es konkret darum gehen, wie du die Dinge ändern kannst und wieder zu einem natürlichen Stuhlgang findest.

Also dann! Ran an den Scheiß!

11 GUTE SCHEISSE. SCHLECHTE SCHEISSE.

Stell dir mal vor, du schaust dir einen Film im Kino an, in dem zwei Stunden lang die Sonne untergeht. Würdest du diesen Film genießen? Würdest du wieder reingehen? Würdest du ihn empfehlen?

FRAGE DICH SELBST!

Wieso ziehst du dir Dramen rein, die traurig machen?
Wieso siehst du dir Horrorfilme an, die Angst machen?
Wieso schaust du dir Aufklärungsfilme oder Dokumentationen an, die dich wütend und aufbrausend machen?
Ganz einfach: Weil du all deine Gefühle liebst und genießt, selbst die, die du als negativ bezeichnen würdest!

FRAGE DICH SELBST!

»Ich habe bei dem Film Rotz und Wasser geheult!« oder »Ich habe mir vor Angst fast in die Hose gemacht!« ist vollkommen in Ordnung, wenn du über einen Film sprichst. Das ist im Grunde das Erfolgsrezept für Daily Soaps, Virtual Reality, Castingshows und das ganze Nachmittagsprogramm, von Gerichtssendungen über Kindererziehung, bis hin zu Menschen, die Würmer fressen und sich im Schlamm suhlen. Im Übrigen lebt auch die

Pornoindustrie davon, weil es ja viel ungefährlicher ist, sich einen Film anzusehen, als sexuelle Fantasien in der Partnerschaft anzusprechen oder gar auszuleben!
Wir lieben das Drama, die Wut, die Trauer, den Neid, die Lust und vieles mehr, solange es uns distanziert auf der kunterbunten Mattscheibe in großen Wellen ins Gesicht gespritzt wird. Hauptsache, wir müssen es nicht an uns selbst erleben und uns unseren Ängsten stellen. Durch die Folgen unserer Konditionierung sind wir einfach so abgestumpft, dass wir diese Emotionen nur noch durch Filme oder andere externe Hilfsmittel empfinden und ausleben können.
Doch wenn es um dein »reales« Leben geht, bist du vermutlich wie die meisten eher auf der Suche nach Glück, Freude und Liebe und versuchst möglichst nicht traurig, ängstlich oder wütend zu sein.
Was zum Teufel ist denn da los?
Wie kann es sein, dass ich einerseits all diese Gefühle erleben will und sie auf der anderen Seite nicht wirklich auslebe?

FRAGE DICH SELBST!

Ein Baby kackt, wenn es kacken muss.
Unsere Entwicklung zum Erwachsenen beinhaltet, dass wir uns für unser Geschäft (soweit möglich) eine Toilette suchen.
Doch was unsere Gefühlswelt betrifft, hat diese Entwicklung nicht stattgefunden.

FRAGE DICH SELBST!

Schau dir doch einfach mal an, wie es aussieht, wenn sich zwei »erwachsene« Menschen streiten. Dabei spielt es keine Rolle, ob es der Streit mit dem Nachbarn um die Höhe der Hecke ist, oder ob Politiker über die Arbeitslosenzahlen diskutieren. Würde man ihnen eine Schaufel in die Hand drücken, würden sie sich diese über den Schädel ziehen wie Kinder im Sandkasten.

Am eindrucksvollsten kannst du ein solches Schauspiel bei Debatten im Bundestag, einem Rosenkrieg oder bei Ikea in der Schlafzimmerabteilung verfolgen. Es existiert in unserer Gesellschaft einfach keine »erwachsene« Gefühlskultur. Abgesehen von frühkindlichen Ausdrucksformen kennen wir bis heute wenig Alternativen.

Da niemand von uns große Freude an solch kindlichem Verhalten und entsprechenden Konsequenzen verspürt, haben wir die Gefühle aus unserem Leben verbannt. Sie existieren natürlich nach wie vor, jedoch auf einer unterschwelligen Ebene. Sie werden von uns meist erst bei hoher Intensität wahrgenommen. Der Auslöser kann z. B. ein schwerer Verlust oder ein Verhalten sein, das uns täglich nervt. Dabei kommt es dann schnell wieder zu kindergartenähnlichen Ausdrucksformen, bei der sich die angestauten und zu spät wahrgenommenen Gefühle unkontrolliert entladen.
Wir haben Ängste vor den Konsequenzen solcher Situationen und versuchen, sie zu vermeiden. Das Problem ist, dass wir damit das Leben an sich vermeiden. Denn diese Gefühle gehören zum Leben dazu, wie das Licht und die Luft zum Atmen.

Auch hier gilt es wieder, die Wahrheit herauszufinden und anzuerkennen, dass wir nicht ständig glücklich sein wollen. Wir wollen nicht ständig Freude empfinden und auch gar nicht alle Probleme lösen. Was sollte den Film dann noch spannend machen? Ich bin mir bewusst, wie provokativ diese Aussage ist, doch bitte überprüfe sie selbst! Beobachte dich und schau dir mal an, wo du sogar nach diesen Gefühlen suchst, z. B. im TV.

Das soll kein Vorwurf an dich, sondern vielmehr ein Weckruf sein!
Wir haben es einfach als Kinder so gelernt. Dadurch, dass man uns z. B. gesagt hat, wir bräuchten keine Angst haben, hat man uns damit als Subbotschaft mitgeteilt, dass mit uns etwas nicht stimmt und dass es falsch ist, Angst zu haben. Wir brauchen keine Angst haben, haben sie aber. Die Schlussfolgerung ist, dass mit uns etwas nicht stimmt. Kinder brauchen keine Angst vor dem Monster unter ihrem Bett zu haben, aber Erwachsene dürfen Angst vor den Monstern in ihren Köpfen haben.
Die Gesellschaft soll sehen, dass ich glücklich bin.
Wer nicht glücklich ist, mit dem stimmt doch was nicht … Oder?
Wir streben alle nach Glück, und das Unglück darf es nicht geben. Uns wurde gesagt, dass »negative« Gefühle schlecht sind, und wir haben gelernt, diese zu ignorieren und zu unterdrücken.

Das Gleiche gilt im Übrigen auch für sogenannte »positive« Gefühle!
Ein gutes Beispiel ist die Kindererziehung:
Nehmen wir mal an, dass Eltern ein gezeigtes Verhalten ihres Sprösslings als süß und lustig empfinden. Sie meinen aber, ihrer erzieherischen Pflicht nachkommen zu müssen und maß-

regeln daraufhin das Kind, damit es zu einem gesellschaftskonformen Lemming heranwachsen kann. Den Eltern ist es hier wichtig, dass sie und ihre Kinder anderen nicht missfallen.
Oder musstest du auch schon mal in einer »unangebrachten« Situation lachen und hast dir dein Amüsement verkniffen? Hast du schon mal Schadenfreude erlebt und diese unterdrückt?

Der unlustige Witz ist nur, dass die Ignoranz und die Unterdrückung der Gefühle uns unglücklich machen! Ob wir sie als »positiv« oder »negativ« bezeichnen, spielt dabei keine Rolle.

Es geht hier darum, die Angst vor deinen Gefühlen und somit die Angst vor dem Leben zu durchschauen. Dafür musst du natürlich erstmal erkennen, dass es Gefühle in dir gibt, die du ablehnst und die du nicht zum Ausdruck bringst.

Du willst jedes Gefühl fühlen und ausdrücken, und nur deine Ablehnung dagegen tut weh!
Es ist schließlich auch keine »negative« Empfindung, kacken zu müssen. Es ist einfach nur ein wichtiger Impuls! Stell dir vor, du würdest diese Empfindung von Druck auf dem Darm nicht verspüren. Du würdest dir volles Rohr die Hose versauen!
Scheiß auf zwei Stunden Sonnenuntergang und genieße das Drama! Werde wach, steh auf und fang endlich an, wieder ganz und gar zu leben! Dafür ist es unabdingbar, sich mit der Wahrnehmung und dem Ausdruck von Gefühlen auseinanderzusetzen.
Der Grund, wieso wir unsere Gefühle fürchten, ist ja der, dass wir nicht wissen, was wir damit überhaupt machen sollen, worüber wir in den nächsten Kapiteln noch ausführlicher sprechen.

Es gibt also keine »gute« oder »schlechte« Scheiße! Denn wenn du kacken musst, muss das Zeug raus und ist weder »gut« noch »schlecht«, sondern einfach nur der natürliche Ablauf. Ich empfinde die unterschiedlichsten Gefühle, wovon viele nicht mal einen Namen haben. Alleine die Tatsache, dass ich keins mehr davon ignoriere, führt schon dazu, dass mich auch keins mehr auf Dauer unglücklich machen kann. Denn sobald ich mir dem Gefühl bewusst geworden bin, setze ich mich damit auseinander und finde eine Möglichkeit, es befriedigend auszudrücken. Stell dir mal vor, ein geliebter Mensch oder ein geliebtes Haustier stirbt. Es ist vollkommen normal, dass man in einem solchen Moment Trauer empfindet. Deswegen muss man aber nicht zwangsläufig auch unglücklich sein. Du kannst Abschied nehmen und trauern, weil er nicht mehr da ist, und dennoch glücklich sein, weil er da war und nun von seinem Leid befreit wurde. Weh tut das Ganze erst dann, wenn du diesen Prozess unterdrückst.

Der erste praktische Schritt lautet also, dass du wieder anfängst, deine Gefühle anzunehmen.

Erlaube dir traurig zu sein, wenn du es bist!
Erlaube dir wütend zu sein, wenn du es bist!
Erlaube dir jedes Gefühl, welches du wahrnimmst!

Wenn es nur eine einzige Erkenntnis geben würde, die dieses Buch vermitteln dürfte, dann ist es die, sich selbst die Erlaubnis und Bereitschaft zu geben, jedes Gefühl wieder zu fühlen und für befriedigend auszudrücken.

Stell dir mal vor, du würdest dich entscheiden, nie mehr kacken zu gehen, weil das so furchtbar stinkt. Du würdest dich ständig

davon ablenken und es leugnen, selbst wenn du noch so sehr müsstest.
Was würde dann passieren?
Die Kacke würde sich im Darm anstauen und du furchtbar darunter leiden!
Genau das machen wir mit unseren Gefühlen!

Übertragen wir das kurz auf ein emotionales Beispiel:
»Ich will nie mehr verlassen werden, weil das so wehtut!«
Gehe ich trotzdem eine neue Beziehung ein und werde dann wieder verlassen, lenke ich mich ab, esse viel, trinke Alkohol, habe flüchtigen Gelegenheitssex und tue so, als ob es mir richtig gut ginge.
Das ist schmerzhaft und eine Leugnung der Wahrheit! Die Trauer ist trotzdem da, und meine Ablehnung macht sie zu einer schmerzhaften Erfahrung!
Raus kommt sie trotzdem früher oder später.

Finde eigene Beispiele und untersuche, welche Gefühle du unterdrückst.
Erkenne, wie dieser Vorgang dein Leben, Denken und Handeln beeinflusst und ob es dir wirklich gut damit geht!

FRAGE DICH SELBST!

Also hör auf, deine Scheiße zu unterdrücken! Finde einen Ausdruck, egal ob »negativ« oder »positiv«!

12 BESCHISSENE WAHRNEHMUNG

Was ist eigentlich Wahrnehmung? Bei Wikipedia lautet die Beschreibung, die die Biologie bietet, so: »Wahrnehmung bezeichnet die Fähigkeit eines Organismus, mit seinen Sinnesorganen Informationen aufzusuchen, aufzunehmen und zu verarbeiten.«

Du liest jetzt diese Zeilen, und dein bewusster Verstand ist hoffentlich genau darauf ausgerichtet und fokussiert. Es könnte selbstverständlich auch möglich sein, dass er darüber nachdenkt, was es gleich zu essen gibt oder ob du später noch Termine hast. In dem Fall wirst du einige Zeilen vermutlich noch einmal lesen müssen.
Doch was geschieht sonst noch?
Was nimmst du noch wahr außer diesen Worten?

FRAGE DICH SELBST!

Du nimmst Geräusche, Gerüche, Bewegungen und vieles mehr wahr, ohne einen Gedanken daran zu verschwenden. Deine Sinne arbeiten permanent, nehmen Informationen auf und dein Unterbewusstsein verarbeitet diese. Vielleicht verspürst du auch den Drang, zur Toilette zu gehen, und gehst dich kurz erleichtern, ohne darüber nachzudenken.

Man geht davon aus, dass der heute lebende Mensch ca. fünf Prozent dessen, was geschieht, bewusst verarbeitet. Das wäre aus meiner Sicht ein großer Erfolg und Fortschritt. Ich behaupte, dass die meisten Menschen so gut wie gar nichts bewusst wahrnehmen, sondern ihren bewussten Verstand höchstens dafür benutzen, um Probleme zu wälzen oder um Zeitreisen in den letzten Urlaub oder die bevorstehenden Termine zu machen. Das Problem ist, dass genau dieser Vorgang eine innere Disharmonie erzeugt, die wir oft als Leid, Schmerz oder Unglück bezeichnen. Diese Gedanken haben nichts mit dem realen Leben zu tun, sondern existieren nur in der Vorstellung des Geistes.
Vielleicht warst du schon mal dabei, wie jemand versucht hat, ein Musikinstrument zu erlernen oder ein Lied nachzusingen, ohne ein Talent dafür zu haben. Hier und da kommt es zu falschen Tönen, die wir als etwas Unangenehmes wahrnehmen. In der Musik nennt man so etwas eine Disharmonie oder auch Dissonanz.

Würden wir das nur in der Musik finden, wäre es wahrscheinlich kein großes Problem. Doch es gibt solche Dissonanzen überall in unserem Leben. Wie in der Musik ist es wichtig, sich diesen zuzuwenden, statt sie zu ignorieren. Wenn du etwas Unangenehmes in dir spüren kannst, wende dich dem zu! Denn es geht darum, diese Dissonanzen wieder zu beseitigen und eine Harmonie herzustellen.

Vielleicht lebst du in einer Partnerschaft, verdienst genug Geld (wobei, was ist schon genug?), bist einigermaßen gesund, und doch gibt es etwas, was dich unzufrieden macht. Irgendetwas ist in dir, das disharmonisch wirkt.
Wie kann eine solche Disharmonie in dir entstehen?

Es geschieht genau wie in der Musik! Ein Ton passt nicht zum anderen!

FRAGE DICH SELBST!

Dabei haben wir zwei Konstanten: Zum einen haben wir die Außenwelt, so, wie sie ist. Zum anderen haben wir ein wahrgenommenes Abbild dieser Außenwelt in unserem Inneren. Dieses Abbild macht sich in dir als Gefühl bemerkbar. Das kannst du dir so vorstellen, als wären all deine Sinne wie eine Kamera, die die gesamte Außenwelt in dein Inneres aufnimmt. Die Außenwelt und Innenwelt bilden eine Resonanz.

Würdest du deine Handlung jetzt auf Basis dieses Abbildes in deinem Inneren aufbauen, würdest du der Realität entsprechend handeln. Durch unsere Konditionierung verfälschen wir dieses wahrgenommene Bild und jagen es sozusagen einmal kräftig durch eine Art Photoshop. Dann handeln wir aufgrund eines total verzerrten Abbildes der Realität. Diese Verzerrung entspricht dem schiefen Ton in der Musik und erzeugt somit die Disharmonie oder Dissonanz.

Ganz praktisch kann das folgendermaßen aussehen:
Du nimmst also wahr, dass du kacken musst, und dein Gedanke harmoniert mit der Wahrnehmung:
»Ah, ich muss kacken! Ok, los geht's!«
Hier wurde das Bild nicht durch Photoshop verzerrt und entspricht somit der Realität.
Deine folgerichtige Handlung ist nun die Entleerung deines Darmes. Alles wunderbar!

Eine Dissonanz entsteht, wenn der Gedanke nicht zu deiner restlichen Wahrnehmung passt und somit das Bild verfälscht. Du nimmst also wahr, dass du kacken musst, denkst aber »Ich muss mir die Fußnägel lackieren!«, weil du es so gelernt hast. Zack! Hier treibt Photoshop sein Unwesen, erzeugt eine Dissonanz und du beginnst zu leiden. Die Kunst ist es, eine Harmonie zwischen den Gedanken und der restlichen Wahrnehmung herzustellen. Das führt dann zu einer befriedigenden Handlungsweise und in diesem Fall zur Entleerung des Darmes, statt zu bunten Nägeln.
Dein Unterbewusstsein verarbeitet unglaubliche Mengen von Informationen, die du über deine Sinne aufgenommen hast, und verpackt es in ein handliches, kleines Paket, das wir dann als Gefühl bezeichnen. Dieses Gefühl entspricht dem aufgenommenen Bild der Kamera.

Nochmal zur Wiederholung: Das ist etwas, worauf du keinen Einfluss hast! Deine Wahrnehmung geschieht, egal ob mit oder ohne dein Zutun. Wahrheit ist das, was ist und wahrgenommen wird, und das geschieht so blitzschnell über so viele Sinneskanäle, dass dein Verstand da nicht hinterherkommt.
Vielleicht kennst du die Situation, dass jemand vor dir steht und dir etwas erzählt, und du weißt einfach, dass er lügt. Es ergibt vielleicht keinen Sinn, dass er lügt, denn seine Aussagen sind schlüssig, nachvollziehbar und sinnvoll, und trotzdem weißt du, dass er lügt.
Deine gesamte Wahrnehmung stimmt also nicht mit dem überein, was er sagt. Vielleicht hat dein Unterbewusstsein über deine Sinne Informationen erhalten, wie z. B. einen erhöhten Puls, bestimmte Muskel- und Augenbewegungen, eine Frequenzänderung in der Stimme oder den Adrenalingeruch im Schweiß. Vielleicht hat es auch Dinge über Kanäle aufgenom-

men, von denen wir keine Ahnung haben. Auf jeden Fall entsteht in dir die Information bzw. das Gefühl, dass die Person lügt. Das muss keine absolute Wahrheit sein, aber es ist die tiefste und umfangreichste Wahrheit, zu der du imstande bist, sie zu verarbeiten.
Der Person zu glauben, ihr weiter zuzuhören und zu denken, das würde schon stimmen, würde dich wieder zu einer Dissonanz führen, da diese Gedanken deiner Wahrnehmung widersprechen. Wir nennen so was oft »innere Disharmonie« oder bemerken »Da fühlt sich etwas komisch oder unstimmig an!«. Also ist es wichtig, der Wahrnehmung, also deinem unmittelbaren Gefühl, Aufmerksamkeit zu schenken und herauszufinden, welche Gedanken und Handlungen mit diesem Gefühl übereinstimmen könnten.

Um nochmal zu verdeutlichen, wie simpel das im Grunde ist: JEDES BABY TUT GENAU DAS! Denn der verzerrende Faktor ist der konditionierte Gedanke, und den muss das Kind ja erst noch lernen (erinnere dich an die Programmierung). Das Kind nimmt wahr und handelt! Da gibt es die Verzerrung durch den Geist noch nicht. Es hat Hunger und schreit, bis es Nahrung bekommt. Es ist traurig und weint. Es ist wütend und schreit oder wirft Sachen durch die Gegend oder wehrt sich.

Die Ursache für die Handlung des Kindes ist also die unmittelbare Wahrnehmung und für uns Erwachsene ist die Ursache der erlernte Gedanke, über das vermeintlich Wahrgenommene, der nicht selten der Wahrnehmung widerspricht. Diese Wahrnehmung wird oft als »Bauchgefühl«, »Intuition« oder »Stimme des Herzens« bezeichnet. Wenn der Gedanke also mit dieser Wahrnehmung übereinstimmt, haben wir eine Resonanz, wenn er jedoch der Wahrnehmung widerspricht, spüren wir eine Dissonanz und handeln einfach schwachsinnig und nicht unserer tiefsten Wahrheit entsprechend. Wir nehmen wahr, dass wir kacken müssen, reden uns aber ein, wir hätten keine Zeit oder das sei eklig, oder wir würden glücklicher, wenn wir uns die Zehennägel lackieren. Dadurch kommt es zu Verzerrung und nicht zur Befriedigung! Wir müssen also lernen, uns unsere Wahrnehmung, und somit das ursprüngliche Gefühl, wieder bewusst zu machen. Wir müssen lernen, einen dazu passenden Gedanken und eine dazu passende Handlung zu finden und das Ganze innerhalb der Grenzen unseres Systems auszudrücken.

Das klingt zunächst extrem anspruchsvoll, doch das ist es im Grunde tatsächlich ☺.
Nein, hier fehlt kein »nicht«. Machen wir uns nichts vor, das ist eine anspruchsvolle Angelegenheit, von der ich hier spreche. Es geht nämlich darum, dass du dich wieder spürst, dass du deine Gefühle wieder wahrnimmst, dass du deine erlernten Gedanken erkennst und wieder lernst, deine Wahrnehmung (also die Wahrheit) als Grundlage deines Handelns zu nutzen. Das bedarf einer gewissen Übung und einer Menge Mut, denn du stellst dabei deine Gedanken, dich selbst und unsere Gesellschaft in Frage.
Der erste Schritt ist jedoch, überhaupt wieder zur Wahrnehmung zu kommen, und das geht in erster Linie, in dem ich mich nach innen wende und wieder lerne, dem Gefühl, also dem unverfälschten Abbild der Außenwelt, Aufmerksamkeit zu schenken. Gefühle kann ich, genau wie rein physische Empfindungen, über den Körper wahrnehmen.

Die meisten von uns spüren ihren Körper gar nicht mehr wirklich, da wir die ganze Zeit mit unserer Aufmerksamkeit im Außen sind. Wir sind beschäftigt, abgelenkt und werden ununterbrochen mit Informationen bombardiert und handeln zum größten Teil völlig automatisch unserer Konditionierung entsprechend.

Denk mal an einen normalen Tagesablauf. Du wirst wach, denkst an die Arbeit, rennst unter die Dusche, stopfst dir schnell etwas zu essen rein, fährst zur Arbeit, reißt dein Tagewerk ab, kommst nach Hause, schaust TV oder liest ein Buch (wie jetzt gerade). So sieht der Alltag der meisten Menschen aus.
Die Frage ist, wo bist du bei alledem? Spürst du zwischendurch, wie es dir geht, was in dir vorgeht, was du wirklich willst usw.? Sind wir doch mal ehrlich. Hier und da nehmen wir uns vielleicht wahr, aber zu 99 Prozent des Tages sind wir mit unseren Gedanken so abgelenkt und beschäftigt, dass wir uns selbst nicht spüren. Unsere Gedanken bekommen dabei mehr Aufmerksamkeit als unsere Gefühle und Empfindungen.

Nimm nur mal das Autofahren als Beispiel. Du bist in der Lage, völlig automatisch zu fahren, dabei an andere Dinge zu denken, nebenher vielleicht noch ein Handy zu bedienen, der Straßenverkehrsordnung zu folgen und dem Drecksack, der dich geschnitten hat, den Stinkefinger zu zeigen, ohne auch nur einen Moment bewusst darüber nachzudenken. Das ist im Grunde der Riesenvorteil unserer Konditionierung und unserer unbewussten Programme.
Stell dir mal vor, du müsstest darüber nachdenken, jetzt die Kupplung zu drücken, den Gang einzulegen, Gas zu geben, dabei rechts zu lenken, auf die Ampel zu schauen und den Wetterbericht im Radio zu registrieren. Du wärst damit völlig überfordert, also übernehmen deine automatisch ablaufenden Programme die Hauptarbeit, während du dich mit Gedanken über morgen und gestern beschäftigen kannst.

Doch wie kann das funktionieren?
Im Grunde ist es genial und einfach oder einfach genial. Wie schon erwähnt nehmen wir unsere Umwelt ununterbrochen über die Sinne wahr. Das, was unsere Sinne wahrnehmen, wird dann als ein Gefühl und somit als ein Reiz in uns wahrnehmbar. Ich benutze an dieser Stelle ganz bewusst das Wort Reiz, weil ich denke, dass du dann besser verstehen kannst, was ich dir jetzt erklären möchte.
Du hast vielleicht schon mal etwas von einem Reiz-Reaktions-Muster gehört!?
Ein Reiz-Reaktions-Muster bedeutet, dass ein Organismus stimuliert wird und daraufhin eine Reaktion veranlasst.
Erinnere dich: Das Gefühl, dass sich da was Großes anbahnt und du kacken gehen musst, entspricht einem solchen Reiz. Die Reaktion wiederum kann dabei ein angelerntes Verhalten oder eine biologisch vorgeformte Reaktionsweise sein. Und? Hat da bei dir schon etwas »Klick« gemacht? Spulen wir nochmal zurück. Eine Reaktion kann dabei also ein angelerntes Verhalten sein, wie zum Beispiel das (demnächst) berühmt berüchtigte Lackieren der Fußnägel. Aha!!!
Und wo speichern wir nochmal diese angelernten Verhaltensweisen ab? Richtig! Im Unterbewusstsein. Und wie kommt das dort nochmal hin? Tja, da sind wir wieder bei unseren Konditionierungen, bei denen du ja schon weißt, wie du an diese gekommen bist.
Zur Erinnerung schaue nochmal in dem Kapitel »Lackieren will gelernt sein« nach.

Während du also mit deinen bewussten Gedanken an alles Mögliche denkst, übernehmen deine antrainierten Konditionierungen dein Handeln, wie beim Autofahren. Im Grunde erledigst du so auch deine Arbeit, deinen Haushalt und fast deinen gesamten Tagesablauf. Du kannst also ein Leben führen, ohne wirklich daran teilzunehmen, und das Erschreckende ist, dass die meisten Menschen tatsächlich so, nur aus ihrer Konditionierung heraus, leben.

Der bewusste Verstand wird derweilen dafür genutzt, um sich über vergangene oder noch bevorstehende Ereignisse Gedanken zu machen und um Probleme zu wälzen. Das Ergebnis bemerkst du oft erst, wenn du alleine bist, wenn es still wird oder du ständig Post vom Straßenverkehrsamt für zu schnelles Fahren bekommst.

So fühlen sich viele Menschen abends kaputt, haben vielleicht Kopfschmerzen oder Verspannungen, fühlen sich einfach scheiße oder haben zu viele Punkte in Flensburg. Wie es dazu gekommen ist, wissen wir dann natürlich nicht. Viele Menschen, mit denen ich gearbeitet habe, kamen zu mir und sagten nur: »Mir geht es scheiße!« Bis wir dahin gekommen sind, überhaupt mal in Worte zu fassen, was wirklich los ist, ist manchmal schon die erste Sitzung rum. Alleine die Kenntnis darüber, was in einem dafür sorgt, dass es einem so scheiße geht, führt oft zu wahnsinnigen Veränderungen.

Stell dir vor, du suchst in einem dunklen Zimmer einen Schlüssel. Wenn du ihn wirklich findest, dann nach langem Suchen, einigen blauen Flecken und einer ziemlich langen Zeit. Es macht also Sinn, das Licht in dem Zimmer anzumachen, damit du in der Lage bist, den Schlüssel zu finden. Das ist im Grunde das Gleiche, was du in dir machen müsstest.

Dein Licht ist deine Aufmerksamkeit, und diese strahlt in der Regel ständig nach außen, und zwar in die Zukunft oder in die Vergangenheit. Du beschäftigst dich ununterbrochen mit Ergebnissen, die du im Außen vorfindest, ohne deren Ursache im Inneren zu erkennen.

Stell dir mal einen Projektor vor, der von einer Folie ein Bild an die Wand wirft. Du versuchst ständig etwas zu verändern, indem du an dem Bild an der Wand herummalst, wegstreichst und manipulierst, statt dir die Folie mal genauer anzusehen. Dann würdest du erkennen, dass das Bild auf der Folie nichts mit dem zu tun hat, welches du an der Wand siehst.

Dein Bankkonto, deine Beziehung, dein Gesundheitszustand, dein seelischer Zustand ... All die Dinge, die dir abends, wenn du zur Ruhe kommst, bewusst werden, sind Projektionen. Es sind Bilder an der Wand, die du nur ändern kannst, wenn du am Projektor arbeitest bzw. an dem, was das Bild auf dem Weg zur Wand verzerrt. Du hast abends nicht plötzlich Verspannungen, Kopfschmerzen oder fühlst dich ausgebrannt. Du hast auch nicht plötzlich eine Grippe, einen Infekt oder eine chronische Krankheit. Du hast ja auch nicht plötzlich einen Haufen in der Hose, das passiert dir nur, wenn du nicht früh genug bemerkst, dass du kacken musst, oder eben ewig versuchst, es wegzudrücken. Würdest du tagsüber nur ab und zu deinen Körper wahrnehmen, würdest du sehr früh feststellen, wie verspannt du bist, wie sehr du unter Stress stehst, was dein Körper und was deine Seele gerade braucht.
Nur dadurch, dass du es nicht wahrnimmst, ist all das in der Lage, sich anzustauen und zu einem riesen Haufen gequirlter Scheiße zu werden. Daher ist der erste Schritt, der für mich der wichtigste überhaupt ist:
Schau nach innen!
Und damit meine ich jetzt keine Darmspiegelung. Nimm wahr, was in dir vorgeht! Lerne deinen Körper wahrzunehmen, deine Gedanken zu beobachten, und richte dein Licht, deine Aufmerksamkeit auf den verdammten Projektor, statt dein ganzes Leben damit zu verbringen, das Bild an der Wand zu verändern.

Ich kann das gar nicht deutlich genug sagen, dass die Veränderung deines Lebens nur dann stattfinden kann, wenn du erkennst, wo dein Leben entsteht. Nutze dafür jede Technik, die dir Spaß macht, die dir leichtfällt und die deinem Talent entspricht. Meditiere, übe dich in Achtsamkeit, mache Wahrnehmungsübungen, schreibe deine Gedanken auf, sprich deine Gedanken aus und suche dir jemanden, der dir spiegeln kann, was du da gerade gesagt hast, finde einen Weg herauszufinden, was in dir vorgeht. Egal für welche Technik du dich entscheidest, es soll dem Zweck dienen, dir deiner Gefühle bewusst zu werden. Nur darum geht es bei diesen Übungen!
Mach das zu deiner höchsten Priorität, denn es geht in diesem Leben um nichts anderes als das, was in dir vorgeht und die Resonanz zwischen der Innenwelt und Außenwelt, die du nur durch deine Gedanken stören kannst. Denn in dem Moment, wo diese Resonanz sich einstellt, erlebst du Befriedigung, um die es im Leben geht!

Wenn du dir Geld wünschst, wünschst du dir Freiheit, Freude, Macht ...
Wenn du dir einen Partner wünschst, wünschst du dir Liebe, Geborgenheit, Lust, Freude ...
Wenn du dir Gesundheit wünschst, wünschst du dir Entspannung, Frieden, Leichtigkeit ...

Und was ist es, was du dir von alledem versprichst?

FRAGE DICH SELBST!

Befriedigung!
Was immer du dir wünschst, ist im Kern immer diese Befriedi-

gung, und die wirst du in der verdammten Projektion niemals finden!
Der Filter zwischen dem Bild im Projektor und dem Bild an der Wand sind doch unsere konditionierten Gedankenstrukturen, die das Bild, was unverändert aus dem Projektor an die Wand geschmissen werden möchte, verzerren. Das Bild im Projektor zeigt sich in unseren Gefühlen, und das Bild an der Wand ist das Ergebnis unseres konditionierten Denkens, mit welchem wir auf die Gefühle in uns reagieren. Unser Verhalten, welches also aus unserem konditionierten Denken resultiert, ist aber nur dann ein Problem, wenn es nicht genau dem entsprechenden Gefühl folgt und somit eine verzerrte Projektion abbildet.

Und auch an dieser Stelle darf ich dir einen unendlich wertvollen Hinweis geben, der mir vor einigen Jahren fehlte, als ich begann, mich mit mir und meinem Leben auseinanderzusetzen:
ALLES, was du suchst, und ALLES, was du dir wünschst, befindet sich in dir! Du musst nur erkennen, dass du dir im Kern stets BEFRIEDIGUNG (deiner Bedürfnisse) wünschst, egal worum es dir in deinem Leben geht. Und wenn du jetzt mal schaust, wo du dein Glück bisher gesucht hast, wunderst du dich immer noch, wieso du es in dieser Welt nicht gefunden hast?

Das Leben ist da, um gelebt zu werden! Und ich persönlich liebe es, zu essen, zu trinken, zu schlafen, zu arbeiten, Konflikte zu haben, zu diskutieren, zu streiten, Sex zu haben und alles, was dazugehört. Ich dachte früher, ich müsse jetzt all meine Probleme innerlich lösen, meine Erfüllung im Inneren finden und dann kann ich irgendwann leben. Das ist nicht nur zum Kotzen langweilig und anstrengend, sondern hilft dir im Grunde nur, vor all dem zu fliehen, vor dem du Angst hast. Zu fliehen, indem du dich à la Virtual Reality zu Hause damit auseinandersetzt. Meditation, Körperwahrnehmung und all das Zeug sind große Begriffe, doch glaube nicht, ich würde im Schneidersitz zu Hause sitzen und auf Erleuchtung warten oder auf diese Art versuchen, Probleme zu lösen. Das ist trennendes Denken.

Für mich ist es mittlerweile ein automatischer Vorgang, mich zu beobachten, meine Gedanken, Gefühle und Empfindungen wahrzunehmen und diesen einen passenden, individuellen Ausdruck zu verleihen. Um nichts anderes geht es mir.

Dafür kann es Sinn machen, ein paarmal still dazusitzen, sich zu spüren und eine Übung daraus zu machen, doch du musst das weder perfektionieren noch eine Religion daraus machen. Du benötigst keine Engelanhänger, Buddha-Statuen, Zen-Gärten, Rückführungen, Sitztechniken, Readings oder Channelings, Heilsteine, Tarot-Karten, Glückskekse, Rosenkränze, Weihwasser, Räucherstäbchen oder ein Jahresabo bei dem Kerzendealer deines Vertrauens und auch keine sonstigen Utensilien. Finde einfach heraus, was in dir vorgeht! Finde heraus, wie deine konditionierten Programme den Ausdruck deiner Gefühle verzerren und dir somit die Befriedigung vorenthalten.

WERBEBLOCK
Das ist der erste Schritt meiner »Methode«, die ich als Erkennen, Verstehen, Verändern bezeichne. (Du findest übrigens auch regelmäßige Blogeinträge zu dem Thema unter www.facebook.com/ErkennenVV.)

Ohne diesen Schritt, die Ausrichtung deiner Aufmerksamkeit nach innen zu richten, wird es schwierig, etwas zu verändern. Wenn du nicht mal merkst, ob du Hunger oder Durst hast, woher sollst du dann wissen, was dir fehlt und was dich befriedigt?

Wenn du nicht mal merkst, ob du kacken oder pissen musst, wie willst du da den richtigen Ort finden, um dich zu erleichtern? Wenn du nicht mal merkst, ob du ohnmächtig oder wütend bist, wie willst du da wissen, wie du dein Gefühl ausdrückst und zu einem befriedigenden Ausdruck kommst?
Schon ein altes Sprichwort sagt: »Selbsterkenntnis ist der erste Weg zur Besserung!«, und das erfordert wirklich Mut! Du musst herausfinden, was wirklich wahr ist, musst deine eigenen Ängste durchschauen, musst ehrlich zu dir selbst sein und genau erforschen, was wirklich in dir vorgeht.
Wenn du zu diesem Schritt bereit bist, hast du das meiste schon geschafft, denn wer wirklich weiß und sich zugesteht, dass er kacken muss, dem muss man nicht erklären, was zu tun ist.
Also nochmal zusammengefasst:
Wenn du eine Dissonanz spürst, gehe folgendermaßen vor: Finde Zugang zu deinen Gefühlen, zu deinen Empfindungen, zu deinen Gedanken und beginne, alle wahrzunehmen. Dazu können Meditation, Therapie und andere Körperwahrnehmungstechniken, wie z. B. Yoga oder Quigong, hilfreich sein! Nur verlier dich bitte nicht darin. Das alles soll nur helfen, dich besser wahrnehmen zu können. Lausche deinen konditionierten Gedanken und erkenne, wie sie das, was du wahrgenommen hast, verzerrt nach außen bringen wollen. Dazu kann es sehr hilfreich sein, deine Gedanken zu einem Thema aufzuschreiben. Damit externalisierst du sie und kannst sie leichter anschauen.
Nicht jeder ist direkt in der Lage, Gedanken in sich zu beobachten, daher kann das Schreiben ein guter Übungsschritt sein. Bringe deine Gedanken in Einklang mit deiner Wahrnehmung, also dem Gefühl, und baue dann DEINE ganz individuellen Handlungen darauf auf! So entsprechen sie DEINER Wahrheit, und du bist im Einklang mit DIR und somit endlich befriedigt! (Bis der nächste Reiz kommt …)

Das bedarf einiger Übung, experimentellem und kreativem Vorgehen und einer Bereitschaft, vermeintliches Wissen in Frage zu stellen und seinen Ängsten zu begegnen. Das ist der Weg des Erkennens, Verstehens und Veränderns.

Also nimm wahr, ob du kacken musst und überprüfe Gedanken, die dir etwas anderes erzählen wollen.

Finde heraus, was wirklich wahr ist, und drücke es aus!

13 ICH HAB SCHISS.

Angst ist ein besonderes Thema, weshalb sie ein eigenes ausführliches Kapitel verdient, da sie der einzige Grund dafür ist, dass wir unsere Gefühle nicht ausdrücken und unsere Wahrheit nicht leben! Angst ist aber kein Gefühl, wie alle anderen.

Ich höre bei Angst immer und immer wieder den gleichen Satz, wenn ich darüber spreche: »Angst ist doch wichtig, sonst würde ich ja einfach vor ein fahrendes Auto laufen oder mich sonst wie verletzen!« Ich antworte dann gerne etwas provokant, indem ich frage, ob Dummheit und Unachtsamkeit das Gleiche sind wie Angst. Ich habe keine Angst vor fahrenden Autos, keine Angst vor Messern und auch keine Angst vor Gewitter und wurde trotzdem noch nicht überfahren oder vom Blitz getroffen. Geschnitten hab ich mich schon, doch ich bezweifle, dass eine Angst vor Messern das verhindert hätte :)

Ich spreche hier von einer rein psychologischen Angst, nicht vom Überlebensinstinkt, Achtsamkeit oder Vorsicht. Jeder hat einen Verstand, und den darf er gerne benutzen, um dieses voneinander zu unterscheiden.
Doch welchen Sinn hat diese Angst? Woher kommt sie? Wofür ist sie da? Wie gehe ich mit ihr um?
Das werden wir jetzt mal Schritt für Schritt analysieren.
Überprüfe bitte mal folgende Punkte selbst. Spiel ruhig mal ein paar Ängste in deinem Kopf durch und schau mal, ob du selbst die Antworten dazu findest:

- Gibt es eine Angst, bei der es nicht um eine Vorstellung von der Zukunft geht?
- Gibt es eine Angst, bei der du nicht ein vergangenes Erlebnis in die Zukunft projizierst?
- Hat dich eine Angst jemals wirklich vor dem Eintreten eines Ereignisses geschützt?
- Könnte es sein, dass Angst von dir selbst erzeugt wird?

Es geht an der Stelle nicht darum, dass du diese Fragen richtig oder falsch beantwortest, sondern darum, dass du dich einmal kurz selbst damit auseinandersetzt, bevor du dich hier weiter berieseln lässt.

FRAGE DICH SELBST!

Wenn du mal ein neugeborenes Baby betrachtest, wirst du vielleicht feststellen, dass dieses noch überhaupt keine Angst hat. Es ist neugierig und offen für alles, was ihm in den Weg kommt. Selbst in dem Alter, in dem dieses Kind schon etwas älter ist, erforscht es neugierig seine Umgebung, begrüßt riesige Hunde genauso wie eine rotierende Kreissäge oder einen Föhn in der Badewanne. Es spielt mit der Spinne, die über den Sandkastenrand krabbelt, und lutscht munter das tropfende Eis von der Mehrfachsteckdose. Eine Angst ist in diesem frühkindlichen Alter einfach unheimlich schwer zu konstruieren, da das Kind eben mangels präfrontalen Cortexes keine Sachverhalte in logische Verbindung bringen kann.
In dieser Zeit ist es die Aufgabe der Eltern, diesen präfrontalen Cortex für die Kinder zu übernehmen, indem sie dem Kind immer wieder erklären, dass dieses oder jenes Verhalten zu diesen oder jenen Konsequenzen führt. Da Kinder das in dem

Alter nur begrenzt verstehen können, besteht die weitere Aufgabe der Eltern darin, Kinder von potentiellen Gefahren fernzuhalten, Haushalt und Umgebung kindersicher zu machen und die Kinder im Auge zu behalten.

Das würde jedoch nach wie vor nicht zu Ängsten führen, weil ich wie gesagt weder eine Kreissäge noch einen Föhn noch eine Steckdose oder sonst etwas fürchten muss, um mich an ihnen nicht zu verletzen. Mal abgesehen davon, dass Angst nicht vor Verletzung schützen kann. Eltern haben jedoch große Angst um die Gesundheit ihrer Kinder, und diese spüren ganz genau, was im jeweiligen Moment in den Eltern vorgeht. Kinder, die wie erwähnt durch Imitation in Form von Konditionierung lernen, übernehmen also erstmal die Ängste von ihren Eltern.
Doch worauf beziehen sich diese Ängste eigentlich?

Ich kann ja keine Angst davor haben, dass mein Kind in der Nähe einer Steckdose spielt, eine Kreissäge in der Nähe meines Kindes läuft oder mein Kind in der Wanne sitzt und der Föhn in Griffweite liegt. All das ist ja an sich nichts Schlimmes. Die Angst entsteht erst dadurch, dass ich eine Vorstellung von der Zukunft habe, die möglicherweise eintreten könnte.
Wenn sich die Eltern also jetzt vorstellen, dass das Kind den Föhn in die Wanne hält, an der Steckdose nuckelt oder lachend in die Kreissäge rennt, erleben sie in ihrer Fantasie ein Ereignis, welches sie nicht erleben wollen, und entwickeln Angst.
Diese Angst wiederum regt die Stressproduktion in ihrem Körper an und animiert sie zu einer Handlung, die versucht, das mögliche Ergebnis zu verhindern.
Doch wie kommen Eltern denn darauf, dass das Kind an der Steckdose nuckeln oder in die Kreissäge rennen könnte? Sie müssen das bereits gehört, gesehen, gelesen oder sonst wie auf-

genommen haben. Sie müssen wissen, dass so etwas passieren kann, weil es schon mal in gleicher oder ähnlicher Form passiert ist.
Sie nehmen also eine Information aus der Vergangenheit, projizieren sie in die Zukunft und entwickeln nun Angst davor, dass das Vergangene wieder eintritt.

Darin finden wir bereits wichtige Antworten auf die oben genannten Fragen. Eine Angst existiert nur durch eine Vorstellung von der Zukunft. Diese Vorstellung der Zukunft beruht auf Informationen aus der Vergangenheit. Die Angst ist erlernt und übernommen, in erster Linie von den Eltern. Die Angst hat den Sinn, uns vor einer Konsequenz zu schützen. Der Ausdruck der Angst ist Vermeidung einer Situation, welche die gefürchtete Konsequenz auslösen könnte.
Alles in allem könnte man an der Stelle sagen: »Echt super, so 'ne Angst!«

Das haben wir als Kinder übrigens tatsächlich unbewusst gedacht! Wenn unsere Eltern uns mittels Angst beschützen, macht es doch Sinn, selbst Ängste vor Dingen zu entwickeln, vor denen wir uns schützen wollen. Außerdem gibt es natürlich noch ein weiteres Bonbon, denn in Situationen, in denen Eltern Angst um ihr Kind haben, bekommt das Kind natürlich etwas ganz besonders Schönes von den Eltern. Erinnerst du dich? Was könnte es sein?

FRAGE DICH SELBST!

Genau! Aufmerksamkeit …
Denn ein Kind, welches am Abgrund herumklettert, oder ein

Kind, das neben der Steckdose oder mit dem großen Hund von nebenan spielt, bekommt eher Aufmerksamkeit als ein Kind, das mit dem Stofftier in der Ecke spielt. Da muss man ja nicht ständig hinschauen. Jedenfalls scheint die Angst abgesehen davon auch ein echt guter Aufpasser zu sein!

Die natürlichste Form der Angst ist das auch tatsächlich. Diese natürlichste Form der Angst, die nicht psychologisch entsteht, ist die von mir ganz am Anfang erwähnte Form der Angst: Unser Überlebenstrieb.
Es ist in dem Sinne keine Angst, sondern mehr eine gewisse Achtsamkeit und ein natürlicher Reaktionszwang. In einer tatsächlichen Gefahrensituation hat uns die Natur die Möglichkeit gegeben, dass die Verzerrung des Geistes deaktiviert wird. Wir sind nicht mehr in der Lage zu denken, sondern handeln automatisch auf Basis unserer Wahrnehmung. Man könnte das als eine Instant-Erleuchtung bezeichnen.

Sicher kennst du Situationen, in denen Menschen »über sich hinauswachsen«, wie man so schön sagt. Ein Kind liegt unter einem Auto, und die Mutter hebt das Auto an, oder eine Frau ertrinkt im See, und ein Mann, der nicht schwimmen kann, springt ins Wasser und zieht sie raus, oder ein Mensch wird von einem Löwen gejagt und rennt schneller, als er es für möglich hält, und klettert trotz Höhenangst auf einen 20 Meter hohen Baum, ohne jemals auch nur über den Gartenzaun gekommen zu sein. Vielleicht kennst du selbst eine solche Schocksituation, in der dein Denken ausgesetzt hat und das Handeln einfach ohne dein Zutun geschah. Das funktioniert übrigens auch unter Eustress! Wenn du z. B. auf der Arbeit viel zu tun hast, es dir Spaß macht, alles gut läuft, dann gerätst du in einen Flow, bei dem dein bewusster Verstand langsam Pause macht. Man macht dann Dinge

automatisch, ohne nachzudenken, und vor allem, ohne eine Dissonanz zu erzeugen, und schon laufen die Dinge wie von allein. Du kennst solche Situationen sicher selbst ganz gut!?
Jedenfalls ist unsere psychologische Angst eine Art Simulation dieses Überlebenstriebs. Auch unsere psychologische Angst soll unser Überleben sichern, nur dass es um eine andere Form des Überlebens geht.

Lass uns dafür nochmal gedanklich zurück an den Anfang dieses Buches gehen. Ich hoffe, du erinnerst dich daran, dass das Überleben des Kindes gefährdet ist, wenn es keine Aufmerksamkeit bekommt. Also beginnt das Kind langsam aber sicher Ängste vor Situationen zu entwickeln, in denen es keine Aufmerksamkeit seitens der Eltern bekommt, oder aber es begibt sich bewusst in Situationen, in denen die Eltern Angst um das Kind haben, und beziehen ihre benötigte Aufmerksamkeit genau daraus.

Das können für ein Kind folgende Situationen sein:

Das Kind ist alleine / Abwesenheit der Eltern – Das Kind lernt in den ersten Jahren, dass der Großteil der Aufmerksamkeit von den Eltern kommt. Die Abwesenheit der Eltern bedeutet also einen Entzug dieser Aufmerksamkeit. Diese Situationen versucht jedes Kind zu vermeiden. (Daher ist die Einsamkeit oder das »Nicht-gesehen-werden« nach wie vor unsere tiefste und im Kern einzige Angst.)

Das Kind wird bestraft / Maßregelung der Eltern – Das Kind wird von den Eltern gemaßregelt und kritisiert. Sollte das Kind generell viel Aufmerksamkeit für ungewolltes Verhalten bekommen, wird genau dieses Verhalten geprägt, da Bestrafung und Maßregelung auch eine Form von Aufmerksamkeit sind.

Das Kind zeigt starke Emotionen / Überforderung der Eltern – Eltern können selbst nicht mit Emotionen umgehen und versuchen, dem Kind die Emotionen zu nehmen und es zu beruhigen. Das ist ebenfalls eine Form von Aufmerksamkeit. »Ist ja wieder gut« oder »Ist doch nicht so schlimm« sind wohl genauso bekannt wie »Du brauchst keine Angst zu haben« oder »Du musst nicht traurig sein«.
Hier bezieht das Kind Aufmerksamkeit daraus, übertriebene Emotionen zu zeigen.

Das Kind ist krank / Die Eltern kümmern sich – Viele Kinder bekommen besonders dann die Aufmerksamkeit ihrer Eltern, wenn sie krank sind. Sie bekommen besonders viel Nähe, Zuwendung, Pflege und besondere Wünsche erfüllt, die sie sonst nicht bekommen.
Diese Form von Aufmerksamkeit wird auch als Krankheitsgewinn bezeichnet und sorgt auch im späten Alter gerne für Pflegebedürftigkeit in Form von Krankheit. Männer kultivieren das angeblich besonders intensiv, wobei das nur Frauen behaupten können, die noch nie einen echten Männerschnupfen hatten. ☺

Das sind einige Möglichkeiten und Beispiele. Schau doch einmal selbst nach, ob du vielleicht heute noch Angst davor hast, alleine zu sein. Oder holst du dir noch heute deine Aufmerksamkeit über eines der genannten Muster? Diese Selbstreflektion benötigt ein Höchstmaß an brutaler Ehrlichkeit sich selbst gegenüber.

FRAGE DICH SELBST!

Daran ist nichts Schlimmes und es ist nicht dein Fehler. Uns hat ja niemand gesagt, dass wir heute erwachsen sind und unser Überleben nicht mehr gefährdet ist, wenn wir keine Aufmerksamkeit mehr von anderen bekommen.

Doch als ob das alles nicht schon genug wäre, kommt noch eine weitere Verzerrung dazu. Wir haben natürlich nicht bewusst Angst davor zu sterben, wenn man uns Aufmerksamkeit entzieht. Doch wir haben Angst davor, dass etwas stirbt, was uns Aufmerksamkeit zu versprechen vermag, nämlich unser Selbstbild.

Dieses Selbstbild haben wir aufgrund unserer Konditionierung konstruiert, da wir ja erfahren haben, für was wir Aufmerksamkeit bekommen. Das haben wir abgespeichert und zu unserem Selbstbild gemacht. Im Kern jeder Angst steckt also der Verlust des eigenen Selbstbildes und somit indirekt wieder der Verlust von Aufmerksamkeit. Ich nenne es absichtlich nicht Tod, denn das, was wir als Tod verstehen, ist damit nicht gemeint.

Davor steht die Frage:
»Wenn ich sterbe, wer oder was ist dieses Ich, welches da stirbt?«

FRAGE DICH SELBST!

Und jetzt überleg mal, wie du dieses Selbstbild definierst.
Wer bist du?

FRAGE DICH SELBST!

Ich bin Ute Mustermann
Ich bin die Frau von Max Mustermann
Ich bin Verkäuferin
Ich bin lieb und nett
Ich bin fürsorglich
Ich bin Deutsche
Ich bin Besitzerin eines roten Porsche
Ich bin gegen Umweltverschmutzung

Dein Selbstbild wird durch diese Gedanken geformt.
Ich könnte jetzt sagen, dass ich gefragt habe, wer du bist und nicht, mit wem du verheiratet bist, wie du heißt oder als was du arbeitest.
Du definierst dich über das, was du hast, was du tust, was du denkst, über deine Beziehungen und über das, was andere von dir denken (erinnere dich an die Definitionen von Erfolg). Was passiert jetzt, wenn du etwas nicht mehr tust, wenn du anders denkst, etwas verlierst, was du hattest, oder eine Beziehung zu etwas oder jemandem beendet wird?
Dieses Selbst stirbt! Die alte Rolle zerfällt, und es entsteht in der Regel eine neue.
Jetzt überleg mal, was der Kern jeder deiner Ängste war. Ist es vielleicht die Angst, etwas zu verlieren, was du als Teil deines Selbstbildes siehst und was dir Aufmerksamkeit versprochen hat? Dein Job, dein Partner, deine Freunde, dein guter Ruf, das Bild, was andere von dir haben etc.

FRAGE DICH SELBST!

Ich formuliere das an der Stelle etwas ausführlicher, damit deutlich wird, dass die Angst sozusagen eine Simulation von Todesangst ist, also eine Simulation vom Überlebensinstinkt. Nur, dass nicht wirklich dein physisches Überleben gefährdet ist, sondern das Überleben deiner Identifikation mit deinem Selbstbild. Jede Veränderung und jeder mögliche Verlust wird mit deinem Verstand durch Worst-Case-Szenarien unterbunden, da dein Verstand das Überleben des Selbstbildes garantieren muss. Denn: DER KONDITIONIERTE VERSTAND IST DEIN SELBSTBILD! Das Bild, was du von dir hast, wurde zum größten Teil in deiner Kindheit geprägt.

Mir ist es wichtig, dass du der Essenz der Angst etwas näher kommst und ein bisschen über sie erfährst, um später nachvollziehen zu können, was sie überhaupt will und wie du mit ihr umgehen kannst. Auch wenn es an der Stelle etwas theoretisch und kompliziert ist, versuche bitte mir zu folgen. Denn genau diese Angst ist der Schleier, der zwischen uns und der Wirklichkeit steht. Diese Angst ist es, die uns in der Gefangenschaft unserer Selbstbilder weiter träumen lässt, statt in die Freiheit unseres individuellen Ausdrucks zu erwach(s)en!

Stell dir folgende Situation vor:
100 Soldaten halten 100 000 Gefangene in Schach. 100 Politiker schaffen es, gegen die Interessen von 90 Prozent der Bevölkerung zu entscheiden und trotzdem wieder gewählt zu werden. Ein einziger Monarch schafft es, Tausende von Menschen in einen Krieg zu schicken, obwohl alle sich im Grunde Frieden wünschen. Wie ist so was möglich? 90 Prozent der Bevölkerung sollten doch leichtes Spiel haben, ihre Interessen durchzuset-

zen, und wie kann umgerechnet ein Soldat 1000 Menschen kontrollieren. All das ist nur durch Angst möglich.

Wieso gehen wir jeden Tag arbeiten und folgen einem kapitalistischen System, das zum Scheitern verurteilt ist?
Wieso arbeiten Menschen für ein Gehalt, das geringer ist als das, was sie an Sozialleistungen erhalten würden, wenn sie nicht arbeiten gehen?
Wieso schlucken wir Unmengen von Medikamenten?
Wieso scheuen wir manche Lebensmittel?
Wieso bleiben wir in Beziehungen, die uns nicht guttun?
Wieso tun wir Dinge, die wir nicht wirklich wollen?
Wieso nehmen wir unsere Wahrheit nicht wahr?
Wieso lügen wir?
Wieso drücken wir unsere Gefühle nicht aus?

FRAGE DICH SELBST!

Die Antwort ist immer die gleiche: Nur Angst macht das alles möglich! Nur eine Lüge lässt uns so weit weg von unserer Natur leben und macht so viel Leid möglich. Solltest du jetzt auf die Idee kommen, die Angst zu verteufeln und zu hassen, muss ich dich warnen. Denn die Angst macht nur ihren Job, und den macht sie wunderbar. Und jetzt schnall dich an, denn jetzt kommt das Genialste an der Geschichte: DU BIST IHR ARBEITGEBER! Du hast die Angst beauftragt, das Überleben deines Selbstbildes zu schützen. Du bist derjenige, der diesen Schleier zwischen die Projektion und den Projektor gehangen hat. Dieser Schleier hält dich davon ab, die Wirklichkeit zu leben. Und jetzt kommt natürlich die große Frage: Wie kann ich ihr den Auftrag entziehen?

FRAGE DICH SELBST!

Ganz einfach und doch sehr unangenehm: Indem du den Tod deines Selbstbildes in Kauf nimmst! Doch was bedeutet das überhaupt?
Es bedeutet, dass du bereit bist, deinen Job zu verlieren, deinen Partner zu verlieren, deinen guten Ruf zu verlieren, Geld zu verlieren, dich selbst zu verlieren. Alles, was dir scheinbar Aufmerksamkeit von anderen verspricht.
Versteh das bitte nicht falsch, du musst nichts von alledem verlieren oder hergeben. Du brauchst nur dazu bereit sein, dass es passiert oder passieren könnte. Und der Witz daran ist, dass es passieren wird! Es lässt sich nicht verhindern! Spätestens mit deinem Tod wird nichts davon mehr da sein.

Schau dir mal die Geschichte von spirituellen Lehrern, sogenannten erleuchteten Menschen oder auch einfach nur besonders glücklichen und freien Menschen an. Die Lebensläufe ähneln sich nämlich stark. Irgendwann in ihrem Leben ist ein Punkt gekommen, an dem nichts mehr ging. Sie waren sterbenskrank, haben alles verloren, waren pleite, waren kurz davor, sich das Leben zu nehmen, oder eine beliebige Kombination dieser oder ähnlicher Zusammenbrüche.
Was ist in dem Moment geschehen?

FRAGE DICH SELBST!

Es gab nichts mehr zu verlieren, das Selbstbild ist gestorben, und somit gab es nichts mehr zu fürchten, weil die größte Angst eingetreten ist. Das »Ich«, also das Selbstbild ist tot, genau wie die Raupe stirbt, bevor ein Schmetterling entsteht. In diesem

Augenblick verschwinden der Schleier und jegliche Verzerrung zwischen Projektor und Projektion. Das ist es, wovon in spirituellen Kreisen gesprochen wird, wenn von der Auflösung des »Ego« oder von sogenannter Erleuchtung gesprochen wird.
Wie einfach ist es doch an dem Punkt, endlich das zu tun, was man wirklich will.
Wie einfach ist es, endlich sich selbst zum Ausdruck zu bringen, wenn man nichts mehr zu verlieren hat.

Und nun überlege mal in deinem Leben zurück, wann die genialsten Veränderungen in deinem Leben geschehen sind!

FRAGE DICH SELBST!

Bei mir war es mein Bandscheibenvorfall, Todessehnsucht, Depressionen, der Verlust meines Jobs und eine Menge anderer Krisen, an denen in mir eine Stimme gesagt hat: »Jetzt reicht es!« Denn wenn der Leidensdruck deiner jetzigen Situation größer wird als die Angst davor, deine Situation zu verändern, hält dich nichts mehr davon ab, es zu tun. Die Kraft reicht nicht mehr weiter aus, um das Überleben des Selbstbildes aufrechtzuerhalten.
Aus diesen Situationen habe ich folgende Dinge über die Angst gelernt:

Das eingetretene Ereignis war niemals so schlimm, wie ich es mir vorgestellt hatte. Das, wovor ich Angst hatte, war niemals so schmerzhaft wie das Leben in Angst zuvor. Meine Angst hat noch nie das Eintreten eines Ereignisses verhindert, sie hat es höchstens beschleunigt. Das gefürchtete Ergebnis habe ich stets als eine Befreiung empfunden.

Lass uns diese Aspekte nochmal mit einem Beispiel verknüpfen, das viele kennen.

»Ich habe Angst, meinen Partner zu verlieren!«
Ich habe schon einige Partner »verloren«, wobei das eigentlich das falsche Wort ist, denn ich habe zu allen meinen Ex-Partnerinnen ein gutes Verhältnis und bin mit den meisten nach wie vor befreundet. Wenn die Beziehungen auseinandergingen, tat das natürlich immer weh und war mit einiger Trauer verbunden, doch es gab stets Türen für neue Wege, neue Beziehungen und neue Erfahrungen. Keine Trennung war wirklich das Drama, für das ich es in meiner Vorstellung gehalten habe, und die ständige Angst hat mich die Beziehung selbst oft nicht wirklich genießen lassen. Ich war mehr damit beschäftigt, mich vor der Trennung zu fürchten, als die Liebe zu genießen, solange sie da war. Darüber kann ich natürlich nur sprechen, weil die Trennung trotz meiner Angst irgendwann gekommen ist. Die Angst konnte es natürlich nicht verhindern.
Und ich selbst wurde schon aus Verlustangst kontrolliert, eingeengt und mit Eifersuchtsszenarien belästigt und kann dir sagen, dass das nicht gerade förderlich für den Erhalt einer Beziehung ist. Ich persönlich bekomme in einem solchen Gefängnis ganz schnell das Bedürfnis auszubrechen, was zeigt, wie Angst das Eintreten des Gefürchteten sogar beschleunigen oder hervorbringen kann.
Wenn du willst, dass sich in deinem Leben etwas verändert, dann sei bereit, die Veränderung mit allen Konsequenzen geschehen zu lassen. Würden dich dein Job, dein Geld, dein Partner oder was immer du in deinem Leben hast wirklich befriedigen, gäbe es ja keinen Grund, etwas zu verändern. Das, was dich wirklich befriedigt, ist der Ausdruck deiner Wahrheit.
Dieser kann natürlich dazu führen, dass dein Leben sich verän-

dert, dass du deinen Job oder deinen Partner verlierst oder Menschen dich nicht mögen. Doch das passiert nur, wenn sie nicht zu dem passen, was du wirklich bist. Wenn du dein falsches Selbstbild aufgibst, verlierst du oft Menschen oder Lebensumstände, die zu diesem falschen Selbstbild gepasst haben.

Willst du weiter an dieser Lüge festhalten oder willst du die Wahrheit leben?

FRAGE DICH SELBST!

Das ist deine Wahl!
Wenn du bereit bist, alles zu verlieren, hast du die Chance, dich und das, was aus deinem Potential entstehen soll, zu gewinnen! Verlieren kannst du nur, was nicht echt ist! Gewinnen kannst du nur die Wahrheit. Wenn du also meinen Rat hören möchtest, dann sei bereit, jede Erfahrung zu machen, die nötig ist, jedes Gefühl zu fühlen, was ausgelöst werden könnte, dich jeder Konsequenz zu stellen, die der Ausdruck deiner Wahrheit mit sich bringt, und sei bereit, alles zu verlieren, was nicht zu dem passt, was du wirklich bist.
Das ist ein Leben ohne Angst, und das ist deine größte Freiheit. Es ist die Wahrheit, denn Angst ist nur eine Illusion, genau wie dein Selbstbild nur eine Illusion ist.
Wenn du einmal erkannt hast, dass du in der Lage bist, mit jeder Situation dieser Welt zurechtzukommen, gibt es nichts mehr, das du fürchten müsstest. Wenn du erkannt hast, dass du glücklich sein kannst, egal ob du einen Partner hast oder nicht, egal ob du reich bist oder arm, egal ob du krank bist oder gesund, dann bist du frei. Wenn du erkannt hast, dass es um nichts anderes geht, als dich selbst zum Ausdruck zu bringen, und

wenn du erkannt hast, dass alles vergänglich ist, du nichts festhalten kannst und gute Zeiten zum Leben genauso dazugehören wie schlechte Zeiten, dann beginnst du endlich zu leben!

Also scheiß auf die Angst und fang an zu leben!

14 PRESSEN VS. LOSLASSEN

Okay! Bist du motiviert?
Willst du endlich deine Scheiße ausdrücken?
Bist du bereit, dich deinen Ängsten zu stellen und dabei der Wahrheit zu begegnen?
Willst du endlich du selbst sein?
Willst du den Fragen, warum du hier bist, und vor allem, wer du bist, endlich eine Antwort geben?

Dann schnall dich mal an, denn jetzt geht's rund!
Wie drücke ich also meine Gefühle aus?

FRAGE DICH SELBST, WIE DU ES BISHER GETAN HAST, UND WIE ES FUNKTIONIEREN KÖNNTE!

Denn einfach pressen und es in der Schüssel versenken ist ja leider nicht drin.
Erstmal sei erwähnt, dass es gar nicht möglich ist, ein Gefühl nicht auszudrücken! Du kannst dir das vorstellen wie bei einem Fluss. Ein Fluss fließt, und er ist auch nicht davon abzubringen. Es ist möglich, ihn umzulenken, so dass er in eine andere Richtung fließt. Es ist auch möglich, ihn zu blockieren, dann staut er sich an, bis das Wasser überläuft, aber du kannst den Fluss nicht daran hindern zu fließen. Du kannst ihn auch nicht überreden oder andere Techniken anwenden, um ihn davon zu überzeugen, dass er schon da ist, wo er hinmöchte.

Genauso ist es mit deinen Gefühlen. Du kannst Gefühle blockieren, bis du platzt, du kannst sie umleiten, so dass sie verzerrt ausgedrückt werden, und du kannst sie sogar über deinen Körper ausleben. Doch du kannst ihr Fließen nicht wirklich verhindern. Du kannst dir selbst auch nichts einreden, was dem Gefühl widerspricht. Du kannst ein »Ja« nicht zu einem »Nein« verwandeln oder andersherum. Das Gefühl ist, was es ist, und es fließt in die Richtung, in die es fließen will. Du kannst nur entscheiden, ob du kooperierst oder dich dem versperrst. Was passiert, wenn du deine Gefühle nicht so ausdrückst, wie es dem Gefühl angemessen wäre, habe ich in den vorherigen Kapiteln bereits geschrieben.

Wenn ich kacken muss und dem nicht nachgebe, führt das zu Schmerzen und Leid, und die Kacke kommt trotzdem irgendwann raus. Vielleicht hast du schon mal plötzliche Wutausbrüche, Heulkrämpfe, Panikattacken und andere extreme Gefühlsausbrüche erlebt, dann weißt du auch, wovon ich spreche. Ein Amoklauf, ein Selbstmord, ein Zusammenbruch, ein Mord, eine Vergewaltigung, eine Misshandlung und viele andere krankhafte Erscheinungsformen sind solche Ergebnisse eines verzweifelten Versuches, das entstandene Gefühl auszudrücken.

Wenn ein Staudamm bricht, geschieht das nun mal unkontrolliert, und das Ergebnis ist verheerend. Das Unnatürliche dabei ist aber nicht, dass der Damm gebrochen ist und es ein katastrophales Ergebnis nach sich zog, sondern dass es den Damm überhaupt gegeben hat! Die Geschichte eines Amokläufers zeigt nicht selten die Geschichte eines jungen Menschen, der ständig gemobbt und unterdrückt wurde, sei es im Elternhaus oder in der Schule. Er hat nie gelernt, sich abzugrenzen, »Nein« zu sagen oder ein natürliches Ventil für sein Gefühl zu finden.

Jeder wurde schon mal gemobbt, nur die meisten von uns haben gelernt, das in einer solchen Situation auftretende Gefühl auszudrücken. Das würde einer Abgrenzung oder einem klaren »Nein« entsprechen.
Die Geschichte einer Misshandlung zeigt oft ein misshandeltes menschliches Wesen, welches selbst nie gelernt hat, dass es ein Lebewesen mit Würde, Lebensberechtigung und Freiheit ist. Um diese Kleinheit auszugleichen und sich selbst groß zu fühlen und ein bisschen eigene Macht zu spüren, misshandelt dieser Mensch später vielleicht Tiere, andere Menschen oder auch sich selbst. Wenn ich also sage, du sollst deine Gefühle wahrnehmen und ausdrücken, heißt das nicht, dass du jemanden umbringen, misshandeln oder dass du ausrasten sollst.
All das sind Ergebnisse angestauter Gefühle!
Wenn ich dir sage, du sollst den Druck im Darm wahrnehmen und kacken gehen, bedeutet das ja auch nicht, dass du deinem Nachbarn vor die Tür scheißen sollst.

An dieser Stelle könntest du dich jetzt natürlich auch nach hinten lehnen und sagen: »Spitze, ich bin doch das Opfer meiner Eltern und der übrigen Gesellschaft, die daran beteiligt waren, meine frühkindliche Konditionierung aufzubauen.« Frei nach dem Motto: »Was Hänschen nicht lernt, lernt Hans nimmermehr.« Ein Stück weit hast du damit sogar recht. Du kannst so weiterleben, wie du es bisher getan und gelernt hast. Du kannst leben wie eine Maschine, die nicht zu mehr imstande ist, als das zu sein, wozu man sie gebaut und programmiert hat. Du wärst damit im Übrigen auch in guter Gesellschaft. 99 Prozent wenn nicht sogar noch mehr, der Menschen, laufen genauso durch ihr Leben. Sie warten darauf, dass die Erlösung, das Glück oder was auch immer eines Tages an ihre Tür klopfen und sagen: »Da bin ich!«

Solltest du diesen »spitzen« Gedanken des Opferseins auch in dir verspüren und immer noch glauben wollen, kannst du dieses Buch jetzt zur Seite legen. Ich möchte dann auch ganz offiziell für das grelle Licht meiner Worte entschuldigen, welches dich vielleicht in deinem Tiefschlaf gestört hat.
Alle anderen, die es leid sind, auf irgendetwas in ihrem Leben zu warten, können getrost weiterlesen. Für dich ist dieses Buch. Für dich habe ich es geschrieben und ich möchte dich einladen, deinen Verstand zu nutzen. Werde wieder kreativ und lerne deine Gefühle bedürfnisorientiert auszudrücken.
Doch wie kannst du das tun?
Wie funktioniert das?

FRAGE DICH SELBST!

Nochmal, im Grunde müssen wir nicht lernen, wie man es tut, genauso wenig, wie du lernen musstest zu kacken. Wir müssen viel mehr wahrnehmen, wie wir es bisher verhindert oder verzerrt haben. Das Ganze hat viel mehr mit Hingabe und Loslassen zu tun als mit einer bewussten Handlung.
Wenn du kackst, tust du ja auch im Grunde nichts, sondern lässt einen natürlichen Vorgang geschehen.

Wenn du jetzt glaubst, dass der Ausdruck deines Gefühls dazu führen würde, dass du jemandem vor die Haustür scheißt oder jemanden als Arschloch bezeichnest, vergisst du dabei, dass in dem Gefühl auch Informationen über die Rahmenbedingungen der Situation enthalten sind. Es wird dich nicht befriedigen, diese Rahmenbedingungen zu ignorieren. Wenn du in Deutschland, in einer Großstadt, mitten in der Einkaufspassage kacken musst, dann wird es dich nicht befriedigen, in der Men-

schenmenge einen abzuseilen. Du wirst unter Einschluss der situationsbedingten Informationen, die ebenfalls in dem Gefühl enthalten sind, eine Toilette aufsuchen.
Sollte dir selbiges mitten in der Pampa geschehen, wirst du auf eine Toilette scheißen, da es dich eher befriedigen wird, hinter einen Stein zu kacken als in die Hose.

Der Gang zur Toilette und sein Geschäft dort zu verrichten ist genau so eine kreative Leistung des Geistes. Ich möchte sogar so weit gehen und behaupten, dass dieser Vorgang eine echte Innovation ist. Das ist etwas, wo wir Menschen uns unfassbar weiterentwickelt haben. Man könnte sogar so weit gehen und sagen, dass wir bezüglich des Kackens schon richtig erwachsen geworden sind, wenn man sich mal daran erinnert, wie das in der menschlichen Kindheitsgeschichte früher gemacht wurde. Nähere Details erspare ich mir an dieser Stelle.

Das, was du dir wünschst, ist BEFRIEDIGUNG! Diese Befriedigung wird sich nicht einstellen, wenn du nicht alle Informationen, die in dem Gefühl stecken, berücksichtigst. Dafür musst du deinen Verstand aktiv benutzen, um zu einer kreativen Lösung zu gelangen, die alle im Gefühl enthaltenen Informationen berücksichtigt.
Lass mich das anhand eines realen Beispiels verdeutlichen.

Eine Bekannte kam zu mir mit dem Problem, dass, wenn sie auf ihrer Arbeit mit Fragen konfrontiert wurde, auf die sie keine Antwort wusste, sie immer ausweichend reagierte. Dies führte dazu, dass sie immer ein beklemmendes Gefühl nach solchen Gesprächen hatte. Sie setzte sich daraufhin mit dieser Situation auseinander und wollte dem Gefühl, keine Antwort zu wissen, einen Ausdruck verleihen.

Dies spielte sie öfters mental durch und nahm sich vor, dieses in einer solchen Situation das nächste Mal direkt mitzuteilen. Als das nächste Mal die Situation aufkam, fiel sie trotz des festen Willens, des Gefühls des »Keine-Antwort-Habens« einen Ausdruck zu verleihen, in das alte Muster zurück und wich der Frage aus. Daraufhin kam sie zu mir, da sie nicht verstand, was in diesem Augenblick passiert war. Nachdem wir ihre Situation gemeinsam reflektierten, merkten wir schnell, dass ihr Versuch, ihrem Gefühl einen Ausdruck zu verleihen, für sie ein Sprung ins eiskalte Wasser gewesen wäre. Trotz ihres festen Willens schien sie in dieser Situation wie gelähmt.

Was war passiert?

Sicherlich, sie wollte das Gefühl ausdrücken, doch sie ließ dabei eine im Gefühl ebenfalls vorhandene Information außen vor: Ihre Angst davor, was ihr Gegenüber von ihr denke könnte. Der Sprung ins kalte Wasser ist dann kein Sprung mehr, wenn wir keine Information auslassen. In diesem Fall wäre das neben dem Ausdruck des »Ich weiß keine Antwort« auch der Ausdruck der Angst.

Nachdem wir die Situation aufbereitet hatten, konnte sie in der nächsten Situation wunderbar formulieren: »Auch auf die Gefahr hin, dass Sie mich jetzt für inkompetent halten, muss ich Ihnen sagen, dass ich darauf momentan keine Antwort habe.« Sie konnte ihren Gefühlscocktail vollumfänglich ausdrücken und verspürte das erste Mal nach einer solchen Situation eine Befriedigung und Erleichterung. Durch die neuen Erfahrungen, die sie dadurch machen konnte, fühlt sie sich diesen Situationen nun gewachsen und muss die Angst heute nicht mehr mit ausdrücken, da sie nun nichts mehr befürchten muss.

Es ist wichtig, dass wir auch dem Unbehagen vor neuen Situationen einen Ausdruck verleihen, wenn dieser ebenfalls in unserem Gefühl vorhanden ist.

Der hier beschriebene Vorgang entspricht einem Trainingsprozess, der folgende Schritte beinhaltet:

1. Nimm wahr, dass du aus bestimmten Situationen immer wieder unbefriedigt herauskommst.
2. Finde heraus, was du in diesen Situationen wahrgenommen und gefühlt, jedoch nicht ausgedrückt hast.
3. Mache dir die Gründe dafür bewusst, wieso du das nicht getan hast. Wovor hattest du Angst?
4. Finde einen Weg, deine Gefühle vollständig und authentisch auszudrücken und stelle dich deiner Angst.

SPIELE DIESE PUNKTE MIT EINIGEN BEISPIELEN DURCH!

Dieses Training soll langfristig dazu führen, dass meine Handlungen nicht mehr auf meinen Konditionierungen (auf Angst) beruhen, sondern meiner Wahrnehmung entsprechen und somit zur Befriedigung führen. Stell dir mal vor, du lackierst dir ständig die Fußnägel, obwohl du kacken musst. Du fühlst dich nach dieser Situation immer wieder unbefriedigt. Lenke dich nicht von dem unbefriedigenden Gefühl ab, sondern wende dich ihm zu und nimm es ganz bewusst wahr.

Frage dich, was genau passiert ist.
»Ich musste kacken, habe mir aber die Fußnägel lackiert.«
Warum?

»Ich habe das getan, weil ich mir von lackierten Nägeln Aufmerksamkeit versprochen habe und somit Angst davor hatte, Aufmerksamkeit zu verlieren, wenn ich stattdessen meinem Gefühl folge und kacke.«

Mit dieser Klarheit kannst du das Gefühl ausdrücken und damit den Verlust von Aufmerksamkeit riskieren.

Dazu benutze ich gerne folgende Fragen:

- Wenn das Gefühl sprechen könnte, was würde es sagen?
  Ich muss kacken!
- Wenn das Gefühl eine Welle im Meer wäre, wohin würde sie mich tragen?
  Zur Toilette!
- Wie würde ich mit dem Gefühl umgehen, wenn ich keine Angst vor Konsequenzen hätte? Ich würde kacken gehen!
- Was würde ich mit diesem Gefühl machen, wenn ich es zum allerersten Mal fühlen würde? – Laufen lassen!

Nutze diese Fragen, um dein Gefühl und damit dein Bedürfnis besser verstehen und entsprechend befriedigen zu können.
Ich bitte dich darum, an der Stelle kreativ und sehr feinfühlig dafür zu werden, wovon die Angst dich abhält, denn sie ist der Staudamm, der den natürlichen Fluss blockiert oder umleitet. Es wäre an der Stelle also sinnvoll, für ein Geschehenlassen oder Loslassen in befriedigender Form zu sorgen, statt die eigene Wahrheit mit aller Gewalt rauszupressen.

Denn mit Befriedigung ist es wie mit einem Furz, wenn man etwas erzwingen will, kommt Scheiße dabei raus.

15 GEH KACKEN, BEVOR ES ZU SPÄT IST.

Ich will nicht mit der abgedroschenen Formel kommen und dich fragen, was du tun würdest, wenn du nur noch xy Tage zu leben hättest. Diese typischen Glückskeks- und Kalendersprüche sind ganz nett, und es gibt Momente, in denen es uns Freude macht, darüber zu philosophieren.
Doch würdest du das wirklich tun, wenn du wüsstest, dass du bald stirbst?

FRAGE DICH SELBST!

Ich habe in meinem Leben eine Menge Menschen in meinem Umfeld erlebt, die schwer krank oder auch urplötzlich verstorben sind. Menschen, die in meinem Alter waren, Menschen, die so ein Leben führten wie ich. Ich lese täglich Berichte über Prominente, die sterben, über Stars und Politiker, über Sportler und über alle möglichen Typen. Ein Blick in die Zeitung zeigt mir, wie viele diese Woche in der Nähe gestorben sind, ein Blick in die Tagesnachrichten zeigt mir, dass gerade Millionen an Hunger und in Kriegen sterben.
Die Angst vor dem Tod ist fundamental in unserer Gesellschaft. Sie bestimmt unser Handeln und unsere Sicht auf das Leben, wie ich im Kapitel »Ich hab Schiss« bereits erklärt habe. Dennoch ist uns durch die Angst die Endlichkeit unseres Lebens nicht bewusst. Die Bewusstheit um die Endlichkeit dieses Le-

bens ist jedoch entscheidend bei der Wahl, wie ich mein Leben führen möchte.

Politik, Sport, Fernsehen, Internet, Sex, Arbeit, Religionen, spiritueller Glaube und andere alltägliche Ablenkungen helfen uns, die Fragen um den Tod von uns fernzuhalten. Dadurch ist uns die eigentliche Ursache, die unser Leben steuert und uns nicht so leben lässt, wie wir es wirklich wollen, nicht bewusst.

Karma, Leben nach dem Tod, Himmel und Hölle, Reinkarnation, Seelenebenen und göttliches Bewusstsein sind einige Beispiele, die mir auf meinem Weg begegnet sind, die ich gelernt und teilweise auch geglaubt habe. Heute sehe ich es so, dass all das nichts weiter als eine Flucht vor der größten Angst meines Lebens war, die Angst vor der Vergänglichkeit. Sie ist im Grunde die Gefängniszelle, in die wir uns zu Lebzeiten einschließen.

Wir führen Beziehungen, die wir nicht wollen, aus Angst, alleine zu sein.
Wir machen Jobs, die uns keinen Spaß machen, aus Angst, unseren Besitz zu verlieren.
Wir sparen Geld, um nicht arm zu werden.
Wir kaufen teure Cremes und essen Zeug, was uns nicht schmeckt, um nicht zu altern.
Wir rennen ständig zum Arzt und fressen die lustigsten Pillen, um gesund zu werden oder zu bleiben.
Wir suchen nach lebensverlängernden Maßnahmen, leben vorsichtig und haben Angst vor allem Möglichen, hinter dem sich der Tod verbergen könnte.
Wir machen uns täglich Gedanken darüber, was gesund ist und was nicht, was richtig ist und was nicht, was uns wohin führt und was nicht, was andere erwarten und was nicht.

Unsere ganzen Bemühungen kommen aus ein und derselben Quelle, nämlich der Angst, unser Selbst zu verlieren. Unsere Beziehungen, unseren Besitz, unseren Status und alles, was dazugehört.
Wir fangen an, uns zu schützen. Wir schützen uns vor Gefühlen, schützen uns vor Erfahrungen, schützen uns vor Krankheit, Armut, Einsamkeit, schützen uns vor dem Tod und ja … letztlich schützen wir uns vor dem Leben. Geh kacken, wenn du musst und scheiß auf den Rest, bedeutet keinesfalls, dass du ein Leben ohne Herausforderungen haben wirst. Genauso wenig wie es bedeutet, dass du ewig gesund bleibst, und schon gar nicht bedeutet es, dass du steinalt und immer fröhlich sein wirst.

Es ist vielmehr die Antwort auf die Fragen:
Was zum Henker mache ich hier eigentlich?
Was ist der Sinn meines Lebens? Wer bin ich?
Zumindest waren das die Fragen, die ich mir gestellt habe, als ich anfing, diesen Weg zu gehen. Als ich begann, mich wieder mit diesen Fragen auseinanderzusetzen und die Unzufriedenheit und den Schmerz in meinem Leben wahrzunehmen, zerbrach selbiges.

Ich suchte nach neuen Wegen, nach Antworten auf meine Fragen und nach alternativen Möglichkeiten, dieses Leben zu leben. Dabei traf ich viele Menschen, die durch ähnliche Situationen und Fragen motiviert wurden, und fand über sie auch ihre Lehrer, Gurus und Glaubensrichtungen, die mir entsprechende Antworten und Wege zeigten. Ein Gefühl in mir sagte allerdings permanent, dass das nicht meine Antworten und Wege waren. Zwar spürte ich eine gewisse Erleichterung in einigen dieser Antworten und war vor allem froh, nicht alleine mit meinen Fragen zu sein, doch nach einiger Zeit merkte ich immer wieder, dass der Schmerz, der durch diese Fragen in mir entstand, nie ganz verschwunden war. Der Schmerz und das Bedürfnis danach, ganz ich selbst zu sein, wurden auf diesem Weg nie wirklich befriedigt.

Ich habe viele Menschen gesehen, die an ihren Lehrern und Glaubensrichtungen hängen geblieben sind, da es scheinbar für sie ausreichend war, irgendwelche Antworten zu bekommen und nicht alleine zu sein. Sie gaben sich zufrieden mit einer neuen Gefängniszelle, die sie mit neuen Insassen teilen konnten. Sie suchten genau wie ich einen Weg aus ihrer Zelle in die Freiheit, merkten aber schnell, dass sie orientierungslos und verloren waren ohne ihre sicheren Mauern, wie ein wildes Tier, das nach Jahren der Gefangenschaft in die Freiheit entlassen wurde. So war es vielen ganz recht, sich in einer neuen Glaubensrichtung vergraben zu können. Sie haben dabei nicht bemerkt, dass sie sich von einer Gefängniszelle in die nächste durchgegraben haben.

Von nun an folgten sie den Wegen ihrer Lehrer, statt ihren eigenen Weg zu gehen. Der Lehrer machte ihnen etwas vor, indem er seinen eigenen Weg ging, doch sie machten es ihm nicht nach, indem sie den ihren gingen, sondern sie folgten seinem Weg. Das war für mich jedoch nie zufriedenstellend, bis ich den Unterschied zwischen dem Übernehmen der Antworten und dem Stellen der gleichen Fragen herausfand.
Das ist so, als würde ein Lehrer sich fragen, was sein Lieblingsgericht ist, und als Antwort zum Beispiel »Pizza« käme. Diese Antwort ist für ihn zufriedenstellend und wahr. Für dich muss jedoch nicht die gleiche Antwort zufriedenstellend sein, sondern vielmehr deine Antwort auf die gleiche Frage.

Ich lernte, meine authentischen Entscheidungen zu treffen, integrierte meine Gefühle und ging tatsächlich manches Mal so kacken, dass auch mal was daneben ging. Vieles ging dabei kaputt, ich verlor viele Menschen, meine Beziehung zerbrach, ich verlor meinen Job und habe auch einige gesundheitliche Probleme gehabt. Heute kann ich zwei Dinge sehen.
Erstens ist alles zerbrochen, damit sich die Teile neu ordnen konnten, und zweitens, was da zerbrochen ist, war kein Leben, es war ein Gefängnis, das mich vom Leben abhielt. Ja, es tat weh, und ja, es fühlte sich oftmals genauso an, als würde ich gerade sterben, und doch gab es in mir seit Langem erstmals das Gefühl, ich würde leben.
Ich habe nicht die leiseste Ahnung, ob das, was ich tue, richtig ist.
Ich habe keinen Plan, ob es Reinkarnation, Karma, Himmel oder Hölle gibt.
Ich weiß nicht das Geringste darüber, ob ich eine Seele habe und was zum Teufel das sein soll.
Und glaube mir, jeder, der dir darüber etwas erzählt, weiß es genauso wenig wie ich.

Ja, ich weiß, Lehrer und Gurus erklären dir, dass sie es fühlen können, und sie überzeugen auch dich davon, dass du es wahrnehmen kannst. Du spürst, dass du eine Seele hast, und du hast Rückführungen in vergangene Leben gemacht, die dir das unmissverständlich belegen.

Stell dir mal vor, du hast vor dir eine saftige, frische, quietschgelbe Zitrone liegen.
Du schneidest sie in kleine Scheibchen und siehst, wie der Saft aus der Zitrone herausläuft. Nun nimmst du eine dieser Scheiben, nimmst sie in deine Hand und beißt einmal herzhaft in

diese Zitrone hinein und schmeckst den sauren, frischen Geschmack auf deiner Zunge.
Und? Läuft dir gerade das Wasser im Munde zusammen?

ÜBERPRÜFE ES!

Wie kann das sein, wo du doch gar nicht in eine Zitrone beißt und du keine vor dir siehst?

Es ist ein simpler Trick unseres Verstandes, den man auch als Projektion bezeichnet. Wenn ich dich jetzt dahingehend beeinflusse, dass du deine Seele fühlst, dein Gottesbewusstsein wahrnimmst oder ich dich in ein vergangenes Leben zurückschicke, wird es genauso sein, dass dein Gehirn dieses ebenfalls projiziert. Du machst eine Erfahrung auf Basis der Informationen, die dir zugetragen wurden.
Ein Zaubertrick. Ganz simpel, sehr beeindruckend und für das aktuelle Leben ziemlich unbedeutend.

Wenn du mich danach fragen würdest, was der Sinn des Lebens ist, wie das Leben funktioniert und was nach dem Tod geschieht, würde ich dir sagen, dass du das vermutlich erst nach dem Tod erfahren wirst, wenn da noch jemand wäre, der es erfahren könnte.

Das Einzige und Wahrscheinlichste, was ich gerade vorfinden kann, ist ein endliches Leben. Eins, das beginnt und dann wieder endet. Und wenn ich es einfach mal mit einer Achterbahn vergleiche, so kann ich die Achterbahn langsam und vorsichtig befahren, damit nichts passiert, ich kann sie auch analysieren und versuchen zu erklären, ich kann eine Doktorarbeit darüber schreiben und ein Achterbahn-Fan werden, doch nichts davon ist so geil, wie mich reinzusetzen und über die Schienen zu brettern. Genauso sehe ich es mit dem Leben. Es ist ein Geschenk und es hat einen ganz besonderen Zweck: Es will gelebt werden!

Du kannst dich vor Erfahrungen schützen, dich absichern, Gefühle vermeiden und an allem Möglichen festhalten, am Ende wirst du doch alles verlieren. Du kannst dein Leben in die Länge ziehen und 100 Jahre alt werden, ohne auch nur einen Moment wirklich gelebt zu haben. Es gibt Menschen, die leben ein ganz normales Leben mit Haus, Auto, Familie, Job und allem, was dazugehört. Eines Morgens fallen sie um, Herzinfarkt, tot. Einfach so!

Schau dir Geschichten an wie die des 11. Septembers, der in die Geschichte einging. Menschen fuhren mit der U-Bahn zur Arbeit, telefonierten, führten wichtige Gespräche, schlossen entscheidende Geschäfte ab und hatten dann die Wahl, ob sie in den Trümmern verbrennen oder aus dem Fenster in den sicheren Tod springen.

Klingt das für dich makaber? Es ist die Realität.

Jeder kennt diese Sprüche wie: »Ich könnte auch morgen vom Auto überfahren werden!« Sie werden so lapidar nebenher ausgesprochen oder auf einen Glückskeks geschrieben, aber ist dir wirklich bewusst, dass der Tag kommen wird?

Bist du dir im Klaren darüber, dass du sterben wirst?

FRAGE DICH SELBST!

Glaubst du, ein 80-jähriger ist darauf vorbereitet und sagt: »Ach, heute ist es so weit! War ja auch lang genug …«

Wir projizieren unser Leben ständig in die Zukunft und leben in Hoffnung. Eines Tages … Wenn ich das und das habe, wenn ich das und das tue, wenn es endlich so weit ist … Bald werde ich leben … Wenn ich genug Geld habe, gehe ich auf Reisen … Wenn ich jemand Neuen kennen gelernt habe, verlasse ich meinen Partner … Wenn ich in Rente bin, genieße ich das Leben …

Ich kann dir nur empfehlen, hör auf diesen Bullshit zu glauben! Hör auf, dir Hoffnungen zu machen und dein Leben in die Zukunft zu projizieren.
Du lebst genau jetzt und du hast keine Ahnung, ob du es gleich noch tust. Du weißt nicht, ob du morgen aufwachst. Du hast keine Ahnung, ob es so was wie Rente jemals geben wird und ob irgendetwas jemals eintreten wird.
Ständig laufen wir etwas hinterher, wollen etwas erreichen, wollen reicher, glücklicher, zufriedener, spiritueller und erleuchteter sein, damit das Leben endlich Spaß macht, und so laufen wir immer weiter einem Ziel hinterher. Es ist wie ein Topf voller Gold, den wir in der Ferne sehen, und je schneller wir auf den Topf zulaufen, desto eher erkennen wir, dass es das stinkende Güllefass des Todes ist, und dann versuchen wir, den Rückwärtsgang einzulegen, denken an früher und wollen alles anders machen, doch das Leben kennt nur eine Richtung. Mach Fehler, triff falsche Entscheidungen, riskiere von mir aus dein Leben bei einem Fallschirmsprung oder indem du so etwas Giftiges und Tödliches zu dir nimmst wie Wasser aus PET-Flaschen.

Ich kriege innerlich das Kotzen, wenn mir klar wird, wo wir ständig Angst verbreiten und aus Angst unsere Handlungen motivieren und nicht mal sehen, dass wir vor dem Leben Angst haben! Leben braucht verdammt nochmal Mut und Leben ist scheiße gefährlich.

Man! Hier ist noch niemand lebend rausgekommen, niemand hat seinen Besitz mitnehmen können und niemand seinen Partner, also hör auf, der Erste sein zu wollen, der das schafft. Ich animiere dich hier nicht dazu, alles hinzuwerfen und einfach zu machen, was du willst, oder vielleicht tue ich es doch! Doch, tu es, tu verdammt nochmal, was du willst!
Glaubst du, wenn jeder tun würde, was er will, würde alles zerbrechen?
Jeder mit jedem, Mord und Totschlag, faul herumsitzen und sich betrinken?

FRAGE DICH SELBST!

Genau diesen Scheiß will man uns weismachen, genau diese Gedanken halten uns im Gefängnis gefangen. Ich tue zum größten Teil das, was ich wirklich will, und ich drehe selten so am Rad.
Ok, ich habe Schulden, weiß manchmal nicht, woher das nächste Geld kommt, aber ich bin bis heute nicht verhungert. Wie du siehst, arbeite ich sogar, wenn man es so nennen will. Ich schreibe ein Buch, halte Vorträge, mache Seminare und Coachings, aber nur aus einem Grund: Weil es das ist, was ich tun will, und weil ich nichts anderes tun wollen würde, wenn ich nächste Woche tot wäre! Es ist das, was in mir angezeigt ist und was ich ausdrücke. Es ist mein Lebensgefühl!
Ich führe sogar eine Beziehung, habe einen Hund und einen festen Wohnsitz. Ich mache keine Weltreisen, bringe niemanden um und geh auch nicht mit allem in die Kiste, was nicht bei drei auf den Bäumen ist. Ich ballere mich nicht täglich mit Drogen zu, ende in keinen Fressrauschszenarien oder was weiß ich, welche Vorstellungen ich selbst mal hatte, was ich tun würde, wenn ich wüsste, dass ich sterben würde.

Das alles sind doch nur Vorstellungen, es sind Konzepte, es sind Gedanken, es ist einfach nur gequirlte Scheiße!

Eine Weltreise würde mich gerade genauso wenig zufriedenstellen wie ein Saufgelage mit 20 Frauen, die alle bereit sind, mit mir ins Bett zu gehen.
Wen interessiert dieser ganze Scheiß, wenn man kacken muss?

Dieses Buch ist gerade meine ganz persönliche Scheiße, und ich fühle eine unendliche Befriedigung, während ich diese letzten Zeilen tippe. Was danach kommt, weiß ich nicht, ich weiß nur, dass der ganze Mist rausmusste, bevor ich platze. Und glaube mir, würde ich jetzt gleich, wenn ich mit meinem Hund spazieren gehe, vom Blitz getroffen, könnte ich behaupten, dass es vollkommen in Ordnung wäre. Es gibt keine riesigen Dinge, die ich jetzt gerade tun oder erleben möchte, es gibt immer nur das Bedürfnis zu kacken, wenn es in mir anfängt zu drücken, was ich dann, so gut es geht, möglichst direkt ausdrücke.

Sollte ich urplötzlich sterben, dann bitte nicht mit Scheiße in meinem Darm. Lieber wäre mir eine Portion Popcorn-Mais und eine Einäscherung, ein Abgang mit Knalleffekt.
Finde heraus, was wahr ist, und dann lebe deine Wahrheit. Lebe sie jetzt und nicht in deinem nächsten Leben, wenn es so etwas geben sollte.

Bring dich selbst und deine Scheiße zum Ausdruck und sorge in jedem Augenblick deines Lebens für Befriedigung ... bevor es zu spät ist.

NACHWORT UND DANKSAGUNG

Liebe Leserin, lieber Leser, ich danke für deine Geduld und deine Aufmerksamkeit.

Wenn alles so funktioniert hat, wie ich es mir gewünscht habe, dann bist du in diesem Buch einige Male stark wachgerüttelt und provoziert worden. Du hast eine Menge Widerstand verspürt, hast eine Menge Aussagen von mir in Frage gestellt und hast mich hier und da für ein vulgäres Arschloch gehalten. Dennoch hast du das Buch gelesen, und dafür möchte ich dir an dieser Stelle danken.
Ich weiß, wie unangenehm solche Worte wirken können, und weiß, wie schwer es fallen kann, sich selbst und seine Glaubensstrukturen in Frage zu stellen.

Ein paar Worte noch zur Entstehung dieses Buches:

Dieses Buch ist im Grunde mein Häufchen, also wasch dir bitte die Hände, wenn du es weglegst.
Seit ca. drei Jahren bin ich ständig dran, ein Buch zu schreiben, und ich habe unsortiertes Material für mehrere Bücher auf meinem Rechner. Ein fertiges Buch ist nie entstanden, da ich genaue Vorstellungen davon hatte, wie ein Buch auszusehen hatte und einen hohen Anspruch auf Perfektion. Diese Gedanken und Konzepte haben mich davon abgehalten, wirklich ein Buch zu veröffentlichen, weil es einfach keine absolute Wahrheit, keine Perfektion und nichts Perfektes gibt, und weil ich

nun mal kein gelernter Schreiber oder Autor bin, sondern im Grunde einfach nur ausspucke, was mir grade auf der Zunge liegt, wie ich es auch bei Vorträgen und Seminaren mache.
Das passte leider nie in das Konzept eines Buches, bis mir irgendwann klar wurde, wieso ich diese Konzepte weiter aufrechterhalten wollte.

Ich hatte Angst davor, Fehler zu machen, Angst, kritisiert zu werden, und Angst, enttäuscht zu werden, wenn mein Buch niemand kauft. Doch mir wurde dann auch ganz schnell bewusst, dass es gar nicht um das Ergebnis geht, sondern darum, dass es aus mir rauswill und gemacht werden will, egal, was dabei herumkommt. Das Ergebnis hältst du jetzt in den Händen, und ob gut oder schlecht, darfst du selbst entscheiden.
Die Tatsache, dass du dieses Buch jetzt liest, sagt mir, dass es nicht so schlecht gewesen sein kann, und wenn es nur einem einzigen Menschen gelingt, durch dieses Buch sein Leben zu verändern, hat es sogar noch mehr Sinn gehabt als meine persönliche Befriedigung durch das Schreiben des Buches.

An dieser Stelle gilt mein ganz besonderer Dank meinem guten Freund und Kollegen Tim Dickhoff, der an der Entstehung dieses Buches großen Anteil genommen hat.
Nicht nur, dass er direkt daran mitgearbeitet und seine Worte hat mit einfließen lassen, sondern auch seine Rolle in meinem Leben.
Vor einigen Jahren habe ich eine spirituelle Ausbildung gemacht und ihn auf diesem Wege kennengelernt. Es gab dort viele sogenannte Therapeuten, die mich begleitet haben, um mir einen neuen, sanften und liebevollen Glauben zu vermitteln. Tim war hingegen der, der mir relativ unsanft in den Arsch getreten hat und mich mit meinen Ängsten konfrontierte.

Ich habe mir zeitweilig schon eine gewisse Geisteskrankheit unterstellt, weil ich bei Problemen mit jemandem sprach, der mir eine Backpfeife gab, statt mit jemandem, der mich liebevoll in den Arm nahm.

Heute weiß ich, dass mir nie etwas Besseres passieren konnte als diese Ehrlichkeit, diese Direktheit und diese Klarheit.

Weiterhin danke ich meiner Familie, meiner Partnerin, meinen Freunden und allen, die meine zeitweise sehr miese Laune und mein Drama ertragen haben, als ich an der Wahrheit fast zerbrochen bin und manchmal täglich über Selbstmord gesprochen habe.

Ich danke den Lektoren Tanja, Claudia, Kerstin, Sina, Christian und allen anderen, die ihren »Senf« dazugegeben haben.
Ich danke meiner Zeichnerin Angelina und meiner Grafikerin Sina für die optische Gestaltung.
Ich danke allen Menschen, die an diesem Buch mitgearbeitet und mich unterstützt haben. Jeder hat tolle Arbeit geleistet, und ohne euch würde jetzt niemand dieses Buch lesen.
Danke auch an meine Partnerin Daniela, die mich unterstützt hat, wo es nur ging, ob sie gekocht hat oder den Hund ausgeführt, ob sie eingekauft hat oder meinen verspannten Nacken massiert, sie war immer da und hat mir den Rücken freigehalten, damit dieses Buch seinen Weg aufs Papier finden konnte.
Auch meinem treuen Freund und Begleiter Nemo möchte ich danken. Dieser wunderbare Hund lehrt mich jeden Tag neu, wie man lebt, worüber ich hier schreibe.

Ich danke auch den Freunden, Partnerinnen und Menschen, die mein Leben verlassen haben, und wünsche ihnen allen alles Gute.

Ich danke auch einem ehemaligen Arbeitskollegen, der in meinem Alter war und eines Morgens im Urlaub ohne jede Vorwarnung verstarb und mir zeigte, dass das Leben tatsächlich kürzer sein kann, als man glaubt.

Ich bin ganz besonders dankbar für die Menschen, die derzeit an meinem Leben teilnehmen, die mir viel bedeuten und die endlich zu dem passen, was ich wirklich bin.

Ich bin dankbar dafür, dass ich mich vor niemandem in meinem Leben mehr verstellen muss und mich trotzdem oder grade deswegen so bedingungslos geliebt fühlen darf.

Ich danke dir, lieber Leser, der du dieses Buch gelesen hast, und ich freue mich, dich vielleicht einmal persönlich auf einem Seminar oder Vortrag zu treffen oder in einem persönlichen Coaching begleiten zu dürfen.

Ich wünsche dir auf deinem Weg alles Gute und fühle mit dir, wenn du dich dem Schmerz und deinen Ängsten stellst und beginnst, wirklich zu leben.
Genauso fühle ich mit dir, wenn deine Angst davor noch zu groß ist, du das Buch beiseitelegst und weitermachst wie bisher.

Erleichtert und befreit schließe ich nun dieses Buch.

Ich habe gekackt, weil ich musste, und habe auf den Rest geschissen!
Ich hoffe, du hattest ein paar Erkenntnisse und ein bisschen Spaß!

Und denk dran … Jeder hat mal Verstopfung oder Durchfall, und manchmal kann es sogar in die Hose gehen. Raus muss die Scheiße trotzdem, und ich weiß, dass es dir in Zukunft etwas leichter gelingen wird.

BEGLEITENDE FRAGEN FÜR DEN GELUNGENEN STUHLGANG:

Zum Schluss möchte ich dir folgende Fragen an die Hand geben, über die du zum Beispiel auf der Toilette, unter der Dusche, im Wald oder wo immer es dir gefällt sinnieren kannst.
Vielleicht erfährst du dabei etwas über dich, was dir bisher nicht klar war. Deine Antworten muss außer dir niemand erfahren, daher sei so ehrlich, wie es dir nur möglich ist.

Wann hast du zuletzt etwas getan, was du nicht wirklich wolltest, sondern weil du dachtest, es wird von dir erwartet?

____

____

____

____

____

____

Wann hast du zuletzt so getan, als ob du jemand wärst, der du gar nicht bist?
Was waren deine Gründe dafür?

____

____

____

____

____

____

Wann hast du zuletzt gelitten?
Ist dir bewusst, wieso du gelitten hast?

Wann hast du zuletzt etwas getan, was du als peinlich, unvernünftig, falsch oder gar wahnsinnig bezeichnen würdest?
Wie ging es dir dabei?

Wann hast du zuletzt darüber nachgedacht, dass dein Leben kurz ist und du heute noch sterben könntest? Was hat es verändert?

Wann hast du zuletzt eine wirklich schlimme Krise erlebt?
Was ist daraus entstanden?

Wann hast du zuletzt einfach mal geschrien, geheult oder einen anderen Gefühlsausbruch gehabt? Wie ging es dir danach?

Wann hast du dich zuletzt so richtig lebendig gefühlt?
Was war da anders als jetzt?